CADERNOS
O DIREITO

1 (2007)

CADERNOS O DIREITO

APRESENTAÇÃO

    O Direito assume, sempre com o apoio seguro da Editora Almedina, uma nova iniciativa: a de publicação de *Cadernos*.

    Os *Cadernos O Direito* visam um espaço novo de literatura jurídica portuguesa. Irão reunir escritos de qualidade que, pelas suas dimensões ou pela conveniência de agrupamentos temáticos, não se coadunem com a inserção nos números comuns da revista.

    A linha editorial seguida será, fundamentalmente, a de *O Direito*. Pretende-se dar corpo à Ciência Jurídica de fala portuguesa, procurando aprofundá-la e preservá-la numa fase de esbatimento das fronteiras seculares. A jornada, em tempo de instabilidade legislativa, anuncia-se apaixonante. Não pode tardar.

O DIREITO

Director
Inocêncio Galvão Telles

Fundadores
António Alves da Fonseca
José Luciano de Castro

Antigos Directores
José Luciano de Castro
António Baptista de Sousa (Visconde de Carnaxide)
Fernando Martins de Carvalho
Marcello Caetano

Directores-Adjuntos
António Menezes Cordeiro
Jorge Miranda
Mário Bigotte Chorão

Propriedade de JURIDIREITO – Edições Jurídicas, Lda.
Sede e Redacção: Faculdade de Direito de Lisboa – Alameda da Universidade – 1649-014 Lisboa
Editora: Edições Almedina, SA
        Rua da Estrela, n.º 6
        Telef.: 239 851 904 – Fax: 239 851 901
        3000-161 Coimbra – Portugal
        editora@almedina.net

Coordenação e revisão: Veloso da Cunha
Execução gráfica: G.C. – Gráfica de Coimbra, Lda.
        Rua do Progresso, 13 – Palheira
        3040-692 Assafarge
        Telef.: 239 802 450 – Fax: 239 802 459
        producao@graficadecoimbra.pt
Depósito legal: 254088/07

TEMAS DE DIREITO DO TRABALHO

Da sucessão de CCT ao respeito pelo direito à reforma

António Menezes Cordeiro
Maria do Rosário Palma Ramalho
Catarina Pires e João da Costa Andrade

ÍNDICE

António Menezes Cordeiro
Introdução: dilemas existenciais do Direito do trabalho   7

Convenções colectivas de trabalho e direito transitório: com exemplo no regime da reforma no sector bancário 15

Dos conflitos temporais de instrumentos de regulamentação colectiva de trabalho . 37

Maria do Rosário Palma Ramalho
Em torno de um equívoco na interpretação e aplicação das convenções colectivas de trabalho: o exemplo das cláusulas sobre pensões do Acordo Colectivo de Trabalho do sector bancário 57

Catarina Pires / João da Costa Andrade
O regime jurídico relativo à atribuição e cálculo da reforma de certos trabalhadores do sector bancário: tentativa de superação de um (falso) problema de aplicação da lei no tempo 75

Introdução: dilemas existenciais do Direito do trabalho

PROF. DOUTOR ANTÓNIO MENEZES CORDEIRO

SUMÁRIO: *1. Planetarização e contenção dos custos. 2. Medidas de flexibilização. 3. Regresso a casa? 4. Uma dogmática alargada.*

1. Planetarização e contenção dos custos

I. Ao Direito cabe corrigir alguns aspectos económicos. Mas não consegue evitar as leis da Economia[1]. Assim, o Estado poderá manter, no mercado, bens a um preço inferior ao do seu custo real. Mas alguém terá, fatalmente, de pagar a diferença. Para além desta evidência, somos obrigados a constatar que, duas décadas após a adesão à União Europeia, assiste-se a uma crescente incapacidade do Estado para, independentemente dos custos, limar certas arestas económicas que antes estavam ao seu alcance. Trata-se de uma ocorrência operacional em várias áreas[2], com relevo para o sector do Direito do trabalho.

II. Passando ao sector laboral: a tutela tradicional dos trabalhadores, conseguida através da imposição, pública ou negociada, de condições mínimas de trabalho, de salários elevados, de reduções da carga horária e de esquemas de segurança social, redundava, pela natureza das coisas, numa massa de custos para as

---

[1] CHRISTIAN FISCHER, *Richterliche Rechtsfindung zwischen "Gesetzesgehorsam" und "ökonomischer Vernunft"*, ZfA 2002, 215-247 (245): a realização do Direito não é uma aplicação da lei; mas também não é uma conformação social em função de dados económicos.
[2] MARTIN FRANZEN, *Niederlassungsfreiheit, internationales Gesellschaftsrecht und Unternehmensmitbestimmung*, RdA 2004, 257-263.

empresas. A assunção de tais custos seria remuneratória na medida em que pudesse ser repercutida no preço das mercadorias produzidas. Mas justamente: assiste-se, nos diversos sectores da economia, a uma enorme pressão sobre os custos[3]. Muito simplesmente: porque a ordem económica mundial, pautada pela livre concorrência, não permite manter artificialmente elevados os preços de bens e serviços.

III. As clássicas ordens jurídicas europeias são, assim, levadas a baixar drasticamente a protecção que vinham assegurando aos trabalhadores[4]. Assiste-se, mesmo, a um efeito especialmente perverso: as empresas que consigam, mercê das suas boas organização e produtividade, assimilar custos elevados e manter uma posição competitiva no mercado valem, tecnicamente, mais do que produzem; serão, assim, objecto de *takeovers* hostis, com o fito (pré-anunciado) de pagarem a sua própria aquisição através de medidas de "racionalização económica" e, em primeira linha: de despedimentos.

Temos de nos render à evidência: a planetarização da economia torna inviáveis ilhas de prosperidade num oceano de reduzido nível social. O Ocidente paga o preço da presença, dentro e fora das suas fronteiras, de mão-de-obra mais barata e eficaz do que a tradicionalmente protegida.

2. Medidas de flexibilização

I. Constatado o fenómeno, tentou-se a via da protecção a todo o custo, particularmente suportada pelo sindicalismo clássico. Durante anos, ela resultou, ainda que à custa do crescimento económico. Todavia, tal postura acabou por conduzir a taxas maciças de desemprego[5], que drenaram para os inerentes subsídios as energias das instituições de segurança social. O preço – tudo o indica – será repercutido nos reformados: os de hoje e, particularmente, os de amanhã.

Havia que procurar outras vias.

---

[3] WOLFGANG DÄUBLER, *Die Zukunft des Arbeitsrechts*, AuR 2005, 1-7 (1/I).
[4] *Idem*, 1/II.
[5] A situação foi considerada "catastrófica" em países como a Alemanha: RICHARD GIESEN, *Reformvorschläge zum Individualarbeitsrecht*, ZfA 2003, 478-492 (467).

II. Retomou-se, mercê das necessidades, uma ideia já presente no início dos anos noventa do século transacto: a da flexibilização. Desde logo a prática comparatística mostrou que um elevado nível de protecção laboral não é sinónimo de baixo desemprego[6] nem, muito menos, de adequado crescimento económico, como documenta a experiência portuguesa[7]

Mas flexibilizar como e o quê?

Uma primeira pista é a da desregulação: seja pura e simples[8], seja por remissão para a negociação colectiva[9] seja, por fim, pela assunção desta como puro patamar de mínimos[10], ficando o mais na disponibilidade das partes. Todavia, a autonomia privada não é um fim em si mesma[11]. Fica a pergunta: ao remeter para a autonomia privada, o Direito do trabalho abdica do seu tradicional papel protector?

III. Numa segunda vertente, flexibilizar traduz-se numa procura de soluções mais diferenciadas para os diversos problemas e grupos de problemas. Na verdade, as grandes leis ocidentais operam na base de generalizações. Elas visam a grande empresa, com inúmeros trabalhadores. Na nossa experiência: só aí há turnos e lutas laborais colectivas e só aí faz sentido determinar reintegrações. Tenta-se, nessa linha, encontrar regulações adequadas para pequenas e médias empresas, pondo cobro a uma doutrina do tudo ou nada[12]. Repensam-se institutos clássicos, como a co-gestão, onde exista, à luz dos novos dados europeus[13] e retomam-se temas clássicos como os da autovinculação das empresas a

---

[6] Cf. BERND WAAS, *"Bausteine" einer Flexibilisierung des deutschen Arbeitsrechts aus rechtvergleichender Sicht am Beispiel der Niederlande*, ZfA 2003, 1-42: a Holanda, com um Direito laboral mais flexível, apresenta menor desemprego do que a Alemanha: e isso perante países de nível semelhante.

[7] Esta vem, sistematicamente, incluída entre as mais restritivas (mais proteccionistas), no plano europeu, por razões históricas conhecidas: ROBERT REBHAN, *Der Kündigungsschutz des Arbeitnehmers in den Staaten der EU*, ZfA 2003, 163-235 (211).

[8] Vide RALF PIEPER, *Zwischen europäischen Verfassungsauftrag und Deregulierung: Arbeitschutzrecht in der Bewährung*, AuR 2005, 248-252.

[9] JÜRGEN KÜHLING/KLAUS BERTELSMANN, *Tarifautonomie und Unternehmerfreiheit*, NZA 2005, 1017-1027.

[10] IVO NATZEL, *Subsidiaritätsprinzip im kollektiven Arbeitsrecht*, ZfA 2003, 103-142; fica envolvida uma mudança de actores – idem, 142.

[11] KARL-GEORG LORITZ, *Die Wiederbelebung der Privatautonomie im Arbeitsrecht*, ZfA 2003, 629-653 (652).

[12] ACHIM SEIFERT, *Arbeitsrechtliche Sonderregeln für kleine und mittlere Unternehmen*, RdA 2004, 200-210.

[13] MARKUS ROTH, *Die unternehmerische Mitbestimmung in der monistischen SE*, ZfA 2004, 431-461.

objectivos sociais, particularmente nos planos transnacionais que o Estado não pode acompanhar[14]. Também nesta área poderíamos inserir uma preocupação de cinzelamento dos institutos, de modo a corrigir bloqueios e iniquidades[15], ou a permitir avanços nos sectores mais dotados[16].

IV. A flexibilização periférica é sedutora. Porém, os números são inexoráveis. Havia que retomar os grandes temas – a flexibilização central – como a protecção nos despedimentos, a duração do trabalho e a sua distribuição[17]. Multiplicam-se as reformas liberais sem que, todavia, deixe de haver protecção[18]: mantém-se, ainda que mais lata, uma toada estadual de limitação da liberdade contratual entre as partes[19]. Na Alemanha multiplicaram-se as reformas[20], tendo sido especialmente visados os despedimentos[21], a duração do trabalho[22] e a formação profissional[23].

Choveram críticas: patronais e sindicais, seja por insuficiência, seja por excesso. O futuro não parece brilhante.

3. Regresso a casa?

I. Cabe reflectir. O Direito do trabalho teve assomos dogmáticos mercê da questão social que foi chamado a resolver. Hoje ele dispõe, antes do mais, de

---

[14] EVA KOCHER, *Unternehmerische Selbstverpflichtungen zur sozialen Verautwortung*, RdA 2004, 27-31.
[15] Como mero exemplo: TOBIAS AUBEL, *Diskriminierung von Frauen durch finanzielle Belastung des Arbeitsgebers*, RdA 2004, 141-147: a oneração das empresas com despesas de maternidade acaba por conduzir à discriminação das mulheres ou, pior: das mães.
[16] Também como mero exemplo: DORIS-MARIA SCHUSTER/INGELJÖRG DAESOW, *Einführung von Ethikrichtlinien durch Direktionsrecht*, NZA 2005, 273-277.
[17] LUTZ MICHALSKI, *Arbeitsrecht*, 6ª ed. (2005), 10 ss..
[18] PETER HANAU/KLAUS ADOMEIT, *Arbeitsrecht*, 13ª ed. (2005), 9 ss..
[19] HANS BROX/BERND RÜTHERS/MARTIN HENSSLER, *Arbeitsrecht*, 16ª ed. (2004), 8 ss..
[20] GÜNTER SCHAUB/ULRICH KOCH/RÜDIGER LINCK, *Arbeitsrechts- Handbuch*, 11ª ed. (2005), § 128 (1356 ss.), quanto à reforma do mercado de trabalho de 24-Dez.-2003, como exemplo, com muitas indicações.
[21] CURT WOLFGANG HERGENRÖDER, *Kündigung und Kündigungsschutz im Lichte der Verfassung*, ZfA 2002, 355-382, apontando a insuficiência das bitolas constitucionais para resolver o problema, WOLFGANG HROMADKA, *Entwurf KschG*, ZfA 2002, 397-399 (o texto do projecto) e MARTIN QUECKE, *Die Änderung des Kündigungsschutzgesetzes zum 1.1.2004*, RdA 2004, 86-106: a Lei de 24-Dez.-2003, sendo considerada tecnicamente correcta.
[22] ULRICH BAECK/ANNETTE LÖSLER, *Neue Entwicklungen im Arbeitsrecht*, NZA 2005, 247-250.
[23] HANS H. WOLHGEMUTH, *Reform des Berufsbildungsrechts*, AuR 2005, 241-247.

uma legitimação histórica[24]: donde uma inércia ditada pelo peso das leis e dos seus muitos servidores. As recentes desventuras das economias ocidentais aparam algumas das suas maiores exuberâncias. Também se aponta uma má disposição laboral para inovações[25]: um fenómeno bem conhecido, entre nós.

Poderá o bom velho Direito civil ajudar?

II. A relação de trabalho é, indubitavelmente, uma prestação de serviço[26]. Na sua base temos um contrato que gera uma relação obrigacional duradoura que ambas as partes devem respeitar[27]. A aplicabilidade, ao trabalho, das regras civis nem tem de ser justificada: o seu afastamento, sim[28]. Não são más regras: o Direito civil existe para proteger os fracos, tendo desenvolvido, ao longo da História, uma busca permanente do equilíbrio e da Justiça. Na sua simplicidade: o respeito pelo contrato celebrado seria, sempre, a maior garantia dos trabalhadores. Paradoxalmente: o Direito do trabalho moderno permite pôr em causa tal garantia, numa decorrência que dificilmente se apoiaria no Direito civil.

Poder-se-ia ir mais longe disponibilizando, aos trabalhadores, os mais recentes desenvolvimentos civis?

III. A aplicação à situação laboral, das regras sobre cláusulas contratuais gerais, facultada pela reforma do BGB de 2001/2002[29] e pelo nosso Código do Trabalho de 2003 (artigo 96.º), conduziu a melhorias dogmáticas e uma aproximação ao Direito civil[30]. Não parece possível dar mais um passo e considerar o trabalhador como um consumidor[31]. Mas a protecção dada ao consumidor, designadamente através da informação majorada e do Direito ao arrependimento, surge assegurada pelo Direito do trabalho tradicional. De todo o modo,

---

[24] ULRICH ZACKERT, *Legitimation arbeitsrechtlicher Regelungen aus historischer und aktueller Sicht*, RdA 2004, 1-8.
[25] DÄUBLER, *Die Zukunft des Arbeitsrechts* cit., 6.
[26] HERRMANN ELKE, *Operae liberales, operae illiberales – vom Schicksal einer Unterscheidung*, ZfA 2002, 1-27 (26-27), após uma análise histórica detida.
[27] GEORG ANNUSS, *Der Arbeitsvertrag als Grundlage des Arbeitsverhältnisses*, ZfA 2004, 283-310 (310).
[28] *Idem*, loc. cit..
[29] GERHARD REINECKE, *Vertragskontrolle im Arbeitsrecht nach dem Schuldrechtsmodernisierungsgesetz in der Rechtsprechung des Bundesarbeitsgerichts*, JgArbR 43 (2006), 23-44.
[30] GÜNTHER HÖNN, *Zu den "Besonderheiten" des Arbeitsrechts*, ZfA 2003, 325-359 (359).
[31] ULRICH TSCHÖPE/ANDREA PIRSCHER, *Der Arbeitnehmer als Verbraucher im Sinne des § 13 BGB?*, RdA 2004, 358-367 (367).

certas áreas sensíveis – como a das reformas – podem ser reforçadas por deveres de informação adequados[32].

IV. Muito referida é, ainda, a aplicabilidade do instituto da alteração das circunstâncias, particularmente no Direito colectivo do trabalho[33] e ao sector das prestações assistenciais[34]. Na falta de leis adequadas, será mesmo a única fórmula capaz de conciliar a palavra dada com as novas condições económica-sociais. E desse instituto têm, os tribunais, feito uma aplicação prudente: muito útil nas actuais circunstâncias.

4. Uma dogmática alargada

I. Os clássicos mantêm que o Direito do trabalho tem História e tem futuro[35]. Mas as previsões são arriscadas: ninguém na Alemanha, nos meados de 1989, previa a queda próxima do muro de Berlim. Também eram inimagináveis os acontecimentos de 11-Set.-2001, em Nova Iorque.

Fica-nos clara, porém, uma ideia: o Direito do trabalho, no actual momento histórico, porventura mais do que em qualquer outro, tem tudo a ganhar com o alargamento dos seus horizontes dogmáticos. Particularmente: o seu isolamento do Direito civil, ditado pela crescente especialização dos seus cultores, pode privá-lo de uma legitimidade e de instrumentos que lhe seriam úteis, precisamente agora.

II. Os indicadores económicos imediatos apontam para um certo desafogo, a nível europeu, após uma estagnação longa. O aumento das exportações para o terceiro mundo, em crescente desenvolvimento, explicará o surto. Resta saber até onde o nosso exangue Planeta poderá suportar um crescimento convencional generalizado. Serão de esperar novos picos de crise.

Que fazer? Não se pode pedir ao Direito do trabalho o que ele não pode dar: uma solução equilibrada para o pós-liberalismo ou para o "fim da Histó-

---

[32] GERHARD REINECKE, *Hinweis-, Aufklärungs- und Beratungspflichten im Betriebsrentenrecht*, RdA 2005, 129-144.
[33] FELIX CHRISTOPHER HEY, *Wegfall der Geschäftsgrundlage bei Tarifverträgen*, ZfA 2002, 275-294 (277 e 279).
[34] HEINZ-DIETRICH STEINMEYER, *Dia Anpassung von Gesamtversorgungssystem bei sinkenden Leistungsniveau der gesetzlichen Rentenversicherung*, RdA 2005, 345-354.
[35] ALFRED SÖLLNER/RAIMUND WALTERMANN, *Grundriss des Arbeitsrechts*, 13ª ed. (2003), 24.

ria". Mas que, no mínimo, ele acompanhe, repercutindo no sector do trabalho, o que de melhor se consiga no plano jurídico-científico.

Apelamos, pois, para uma dogmática alargada, em que todos os institutos, particularmente os mais afeiçoados à tutela das pessoas, possam depor, no Direito do trabalho, apresentando (boas) propostas de solução.

III. Essa preocupação de alargamento dogmático leva-nos a coligir, neste livro, uma série de intervenções, devidamente datadas: sucessão no tempo de instrumentos de regulamentação laboral colectiva, tutela de direitos no campo assistencial e adaptação das relações laborais às novas circunstâncias. Em comum, todos têm uma candência actual e a particularidade de se enquadrarem nos princípios gerais: traves-mestras do ordenamento que tem, na pessoa humana, o seu centro de gravidade.

Convenções colectivas de trabalho e Direito transitório: com exemplo no regime da reforma no sector bancário ★

PROF. DOUTOR ANTÓNIO MENEZES CORDEIRO

> SUMÁRIO: *I. Introdução: 1. O problema. II. A evolução da contratação colectiva bancária: 2. A contratação colectiva até 1974; 3. O período de 1975 e 1976; 4. A evolução posterior a 1978. III. O regime transitório das convenções colectivas de trabalho: 5. Direito transitório formal; a substancialização; 6. Os direitos adquiridos. IV. O regime da reforma no sector bancário: 7. A problemática subjacente; 8. O sentido da "lei nova"; 9. A salvaguarda das situações consubstanciadas perante a lei velha.*

I. Introdução

1. *O problema*

I. Há dez anos publicámos, nos *Estudos em Memória do Professor Doutor João de Castro Mendes*, um escrito intitulado *Dos conflitos temporais de instrumentos de regulamentação colectiva de trabalho*[1]. Cabe agora, com pretexto em *Estudos de Homenagem* a outro grande professor da Faculdade de Direito de Lisboa, retomar alguns aspectos do problema. Para tanto, utilizaremos, como banco de ensaio, uma questão que tem animado a nossa jurisprudência jurídico-laboral dos últimos anos: a da aplicação de cláusulas contidas no acordo colectivo de

---

★ Escrito destinado aos Estudos em Honra do Prof. Doutor José de Oliveira Ascensão.
[1] *Estudos em Memória do Professor Doutor João de Castro Mendes* (1994), 459-473.

trabalho vertical para o sector bancário, e que foram introduzidas sucessivamente nos instrumentos em vigor.

II. A cláusula 137ª do ACTV para o sector bancário dispõe, no seu n.º 1:

> No caso de doença ou invalidez ou quando tenham atingido 65 anos de idade (invalidez presumível) os trabalhadores em tempo completo têm direito:
>
> a) Às mensalidades que lhe competirem (...)
> (...)

Seguiam-se várias regalias que permitiriam, no fundamental e aos trabalhadores reformados, conservar o *status* retributivo que tinham quando no activo.

Esta cláusula remonta ao CCT de 1964, tendo conhecido várias redacções. Até 1982, era a única relativa a pensões e reformas no sector bancário, pelo que se aplicaria a todos os trabalhadores que preenchessem as suas condições: quer atingissem a reforma no activo, quer isso sucedesse depois de, por qualquer razão, terem deixado o serviço da instituição de crédito considerada.

III. Temos, de seguida, de lidar com a cláusula 140ª, cujo n.º 1 dispõe:

> O trabalhador (...) que, por qualquer razão, deixe de estar abrangido pelo regime de segurança social garantido pelo presente acordo, terá direito, quando for colocado na situação de reforma por invalidez ou invalidez presumível, ao pagamento pelas instituições de crédito ou parabancárias, na proporção do tempo de serviço prestado a cada uma delas, da importância necessária para que venha a auferir uma pensão de reforma igual à que lhe caberia se o tempo de serviço prestado no sector bancário fosse considerado como tempo de inscrição no regime geral da segurança social (...)

Trata-se, agora, de um regime explícito para os trabalhadores que abandonem o sector bancário antes da reforma por invalidez ou invalidez presumível. Esse regime, claramente menos favorável do que o resultante da cláusula 137ª, surgiu apenas com o CCT de 1982.

IV. Pergunta-se, agora: qual o regime aplicável aos trabalhadores que abandonaram a banca antes de 1982: o da cláusula 137ª ou o da cláusula 140ª? A jurisprudência oscilou entre as duas possíveis soluções, vindo, recentemente, a insistir na última[2]. Supomos, porém, que essa insistência não tem em conta a

---

[2] Cf. STJ 6-Fev.-2002 (MÁRIO TORRES), AcD XLI (2002), n.º 488-489, 1218-1235, que revo-

realidade bancária a que se aplica; ignora, ainda, as regras gerais de Direito transitório e certas valorações específicas jurídico-laborais. Vamos ver.

II. A evolução da contratação colectiva bancária

2. *A contratação colectiva até 1974*

I. A colocação do tema anunciado exige um conhecimento da evolução da contratação colectiva bancária. As cláusulas assistenciais não devem ser interpretadas de modo isolado: antes inseridas nos instrumentos a que pertençam.

O primeiro contrato colectivo para o sector bancário foi assinado em 31-Dez.-1938. Tinha o seguinte proémio:

> Entre o Grémio Nacional dos Bancos e Casas Bancárias, representando todas as pessoas singulares ou colectivas que exerçam o comércio bancário no continente português, que serão designadas por *estabelecimentos bancários*, e os Sindicatos Nacionais dos Empregados Bancários dos distritos de Lisboa, Porto, Coimbra, Braga e Viseu, representando todos os empregados bancários do mesmo continente, que serão designados por *empregados*, foi ajustado celebrarem, como realmente por este título celebram, um contrato colectivo de trabalho, que se regerá pelas seguintes cláusulas:

Tratava-se dum instrumento já extenso[3], repartido por 88 cláusulas, assim ordenadas:

Capítulo I	– Do âmbito e da duração do contrato – 1ª e 2ª;
Capítulo II	– Da admissão do pessoal e das causas de despedimento – 3ª a 18ª;
Capítulo III	– Da disciplina do trabalho – 19ª a 23ª;
Capítulo IV	– Horário de trabalho – 24ª a 38ª;
Capítulo V	– Da classificação e da transferência do pessoal – 39ª a 50ª;
Capítulo VI	– Remuneração do trabalho – 51ª a 54ª;
Capítulo VII	– Previdência – 55ª;
Capítulo VIII	– Serviço militar e Legião Portuguesa – 56ª e 57ª;

---

gou um acórdão da 2ª Instância que optara pela primeira solução e onde pode ser confrontada outra jurisprudência.

[3] BINTP V (1938), n.º 23/24, 460-469, com os mapas anexos. O primeiro signatário foi FERNANDO ULRICH, pelo Banco de Portugal e Presidente do seu Conselho Geral.

Capítulo IX   – Férias – 58ª e 59ª;
Capítulo X   – Faltas por motivo de doença. Licenças – 60ª a 64ª;
Capítulo XI   – Sanções – 65ª a 68ª;
Capítulo XII – Comissão corporativa – 69ª a 75ª;
Capítulo XIII – Disposições gerais e transitórias – 76ª a 88ª.

No tocante a disposições de tipo social, este primeiro contrato colectivo bancário continha duas. Assim:

> CLÁUSULA 55ª Os outorgantes obrigam-se a, no prazo máximo de dois anos a contar da entrada em vigor do presente contrato, ter concluído o regulamento para a constituição da Caixa Sindical de Previdência dos Empregados Bancários.
>
> CLÁUSULA 61ª (transitória). Enquanto o problema da assistência aos empregados inválidos por doença não estiver resolvido na sua generalidade, os estabelecimentos bancários garantem aos seus empregados, em caso de doença, o seguinte:
>
> a) Aos empregados com mais de um e menos de três anos de serviço:
>   Dois meses com ordenado por inteiro e
>   Dois meses com metade do ordenado;
> b) Aos empregados com três ou mais anos de serviço:
>   Um mês com ordenado por inteiro e outro com metade do ordenado por cada ano de serviço até dez e
>   Um mês e meio com ordenado por inteiro e um mês e meio com metade do ordenado por cada ano de serviço além de dez.
>   (...)

O contrato de 1938 foi alterado em 19 de Agosto de 1941[4]. A cláusula 55ª passou a ter a redacção seguinte:

> Os outorgantes obrigam-se a, quando as circunstâncias o permitirem, concluirem o regulamento para a constituição da Caixa Sindical de Previdência dos Empregados Bancários.

A cláusula 61ª manteve-se incólume.

Seguiu-se, em 12-Nov.-1943, uma alteração pontual à cláusula 85ª, relativa a descontos no tempo de serviço[5].

---

[4] BINTP VIII (1941), n.º 16, 402-404; eram mexidas 33 cláusulas, entre modificações, supressões e aditamentos.
[5] BINTP X (1943), n.º 23, 708.

Como se vê, logo em 1938, os parceiros laborais colectivos cometeram aos banqueiros uma determinada função assistencial, a título transitório. Os parceiros vincularam-se "... enquanto o problema da assistência (...) não estiver resolvido na sua generalidade ...".

II. O 2.º contrato colectivo de trabalho foi aprovado em 1-Fev.-1944[6]. Apresenta-se mais sintético – 73 cláusulas em 15 capítulos – e melhor sistematizado do que o primeiro.

A matéria referente à saúde foi colocada no Capítulo XII, relativo à previdência, nos termos seguintes:

> CLÁUSULA 59ª Os outorgantes obrigam-se a, quando as circunstâncias o permitirem, concluir o regulamento para a constituição da Caixa Sindical de Previdência dos Empregados Bancários.
>
> (...)
>
> CLÁUSULA 60ª Enquanto não funcionar a Caixa prevista na cláusula anterior, os estabelecimentos bancários garantem aos seus empregados, em caso de doença ou de invalidez, o seguinte:

Seguia-se um esquema semelhante ao anterior, mas melhorado.

O 2.º contrato colectivo de trabalho foi diversas vezes alterado: em 1-Fev.-1945, no domínio de férias e salários[7]; em 11-Mar.-1946, em diversos pontos, com relevo para a Comissão Corporativa[8]; em 20-Fev.-1947, sendo então alterada a cláusula 60ª que passou a estipular[9]:

> Enquanto não funcionar a caixa prevista na cláusula anterior os estabelecimentos bancários garantem aos seus empregados, em caso de doença ou de invalidez, as mensalidades resultantes do supra n.º 6.

Seguiram-se novas alterações: em 11-Fev.-1948[10], no tocante ao tempo de trabalho e em 10-Mar.-1949[11], em vários aspectos – 11 cláusulas – entre as quais a cláusula 60ª, que passou a contemplar a hipótese de desacordo entre as partes quanto ao "estado de doença" e a forma de o dirimir.

---

[6] BINTP XI (1944), n.º 3, 47-54.
[7] BINTP XII (1945), n.º 7, 233; foi aprovado em 3-Abr.-1945.
[8] BINTP XIII (1946), n.º 6, 148-149; foi aprovado em 16-Mar.-1946.
[9] BINTP XIV (1947), n.º 4, 99; não indica a data da aprovação.
[10] BINTP XV (1948), n.º 4, 82; foi aprovada em 18-Fev.-1948.
[11] BINTP XVI (1949), n.º 6, 130-131; foi aprovada em 14-Fev.-1949.

Subsequentemente, outras alterações foram adoptadas: em 10-Abr.-1957[12], sendo modificada nalguns pontos a cláusula 60ª, em 1959, quanto a vencimentos[13] e em 30-Out.-1961, quanto a férias e diversos aspectos[14].

Uma revisão mais profunda foi adoptada em 19-Fev.-1964[15]: foram atingidas 49 cláusulas, em diversas áreas. A cláusula 60ª – de certo modo, ainda em vigor – passou a abranger o seguinte n.º 1:

> Em caso de doença ou de invalidez do empregado ou quando tenha atingido 70 anos de idade (invalidez presumível), as mensalidades que lhe competirem de harmonia com o mapa n.º 6.

No ano seguinte, mais precisamente em 9-Mar.-1965, foi aprovada nova alteração[16]. Na parte aqui mais directamente em causa foi aditada, ao § 10.º da cláusula 60ª, uma alínea referente à contribuição dos estabelecimentos bancários para a resolução do problema habitacional dos empregados, nos termos de regulamento a acordar. Seguiram-se as alterações de 29-Fev.-1968[17], com incidência especial nas férias e nas retribuições.

III. Em torno do 2.º contrato colectivo para o sector bancário dar-se-ia, por fim, um litígio que, de acordo com a legislação vigente na época, foi solucionado por arbitragem. Os sindicatos nomearam, como árbitro, o Dr. MÁRIO PINTO; o Grémio, o Prof. Doutor PESSOA JORGE; o árbitro presidente foi o Prof. Doutor TEIXEIRA RIBEIRO.

O acórdão arbitral surgiu em 17-Abr.-1970[18], tendo sido homologado em 16-Maio desse mesmo ano, pelo então Secretário de Estado, Dr. SILVA PINTO. Alterou diversas cláusulas e procedeu a uma considerável elevação de vencimentos, para acompanhar o custo de vida.

No despacho de homologação, o Secretário de Estado veio, designadamente, exarar:

---

[12] BINTP XXIV (1957), n.º 8, de 30-Abr.-1957, 301-303, homologada em 16-Abr.-1957; o contrato esteve, pois, 8 anos intocado.

[13] Temos a informação de que tais alterações foram atribuídas sob a forma de subvenções, não tendo sido publicado, no BINTP, o competente instrumento.

[14] BINTP XXVIII (1961), n.º 20, 1235-1236; foi homologada no mesmo dia 30-Out.-1961.

[15] BINTP XXXI (1964), n.º 5, 208-216; foi homologada no mesmo dia 19-Fev.-1964.

[16] BINTP XXXII (1965), n.º 6, 300-302; foi homologada no mesmo dia 9-Mar.-1965.

[17] BINTP XXXV (1968), n.º 5, 208-210.

[18] BINTP XXXVII (1970), n.º 10, 669-686.

Daí que não possa deixar de se ter na devida conta a conveniência de, em futuras negociações, prever a melhoria dos diversos factores conducentes a um progressivo aumento de produtividade.

E prossegue:

Em conformidade com a decisão do Tribunal Arbitral, que condicionou a entrada em vigor da cláusula respeitante à matéria de seguro social, ir-se-á proceder imediatamente à criação da Caixa de Previdência e Abono de Família dos Empregados Bancários.

Efectivamente, o acórdão arbitral alterava a cláusula 60ª; condicionava, porém, a entrada em vigor da nova redacção à não criação, dentro de seis meses, da Caixa Sindical de Previdência – 79ª: uma aspiração vertida, desde 1938, no acordo colectivo do sector bancário.

Na verdade, seria assinada e publicada a Portaria n.º 272/70, de 4 de Junho, que declarou constituir a Caixa de Previdência e Abono de Família dos Empregados Bancários. Tal criação não era imediata: previam-se determinados trabalhos preparatórios, a concluir em prazos curtos.

A matéria assistencial bancária atravessou, assim, todo este longo período, sempre ancorada numa vontade provisória dos parceiros laborais colectivos. Os banqueiros foram assumindo deveres passageiros – expressamente assumidos como tais – sempre na expectativa duma estruturação global da segurança assistencial. É evidente que a não-criação da Caixa de Previdência do sector bancário não foi inocente. Ela permitiu aos banqueiros, reter toda uma série de prestações que, de outro modo, deveriam efectuar. Adiante veremos o relevo interpretativo da matéria.

IV. O 3.º contrato colectivo de trabalho dos empregados bancários surgiu em 6-Jul.-1973; resultou, igualmente, de uma arbitragem[19], por sinal complexa.

---

[19] BINTP XL (1973), n.º 27, 2199-2358; o texto do contrato consta de pp. 2317-2346. Estão publicadas copiosas declarações dos árbitros do Grémio e dos Sindicatos, nos pontos em que foram vencidos, com relevo para este último. O BINTP não permite conhecer a identidade dos árbitros; pelo estilo, pela *verve* e pelo conteúdo, arriscámos, contudo, que o árbitro dos Sindicatos fosse o Prof. Doutor ORLANDO DE CARVALHO; confirmámos, há alguns anos e junto do próprio, esse facto. O Prof. ORLANDO DE CARVALHO comunicou-nos, ainda, a identidade dos outros árbitros: o Dr. AMÂNDIO DE AZEVEDO, pelo Grémio e o Dr. JOAQUIM SEABRA LOPES, Presidente, descrevendo-nos interessantes episódios sobre esta arbitragem. Aqui ficam os nossos agradecimentos, agora em memória do Prof. ORLANDO DE CARVALHO.

O contrato foi muito alargado, passando a abranger 173 cláusulas, assim distribuídas:

Capítulo I   – Área, âmbito e vigência – 1ª a 4ª;
Capítulo II   – Admissão e carreira profissional – 5ª a 28ª;
Capítulo III   – Direitos e deveres das partes – 29ª a 37ª;
Capítulo IV   – Da prestação de trabalho – 38ª a 62ª;
Capítulo V   – Retribuição – 63ª a 78ª;
Capítulo VI   – Suspensão da prestação de trabalho – 79ª a 109ª;
Capítulo VII   – Da cessação do contrato de trabalho – 110ª a 125ª;
Capítulo VIII – Regimes especiais – 126ª a 132ª;
Capítulo IX   – Comissões corporativas – 133ª a 135ª;
Capítulo X   – Previdência – 136ª a 141ª;
Capítulo XI   – Higiene e segurança no trabalho – 142ª a 148ª;
Capítulo XII   – Formação profissional – 149ª a 152ª;
Capítulo XIII – Sanções – 153ª a 163ª;
Capítulo XIV   – Relações entre as partes outorgantes – 164ª a 173ª.

Seguiam-se 5 mapas anexos.

No tocante à previdência, dispunha a cláusula 136ª, epigrafada "princípio geral"[20]:

> Enquanto não entrar em funcionamento a Caixa de Previdência e Abono de Família dos Empregados Bancários, prevista pela Portaria n.º 272/70, de 4 de Junho, as instituições bancárias garantem aos seus empregados os benefícios constantes das cláusulas seguintes.

Como se vê, mantém-se a solução provisória da antiga cláusula 60ª; de resto, reconhece-o a justificação arbitral[21], que explica ter-se procedido a uma melhoria na forma.

O 3.º contrato colectivo para o sector bancário apresenta uma configuração técnica moderna. Ele denota, com clareza, os grandes progressos obtidos pelo Direito do Trabalho nacional, no final do Estado Novo. O aspecto social e assistencial mantém-se num aparente bloqueio. E as suas razões mais directas são fáceis de apontar: um sistema global de assistência é dispendioso e problemático, perante o estado geral do País. Além disso, ele conduziria, necessariamente, a prestações niveladoras e relativamente modestas. Ora, num sector restrito,

---

[20] BINTP XL (1973), 2339.
[21] BINTP XL (1973), 2307.

como o bancário, seria sempre possível montar uma assistência privilegiada. Tal esquema mais aliciante ficaria quando os banqueiros assumissem a sua gestão: poupariam prestações periódicas para a futura Caixa, assegurando-se a gestão dos correspondentes fundos.

3. O período de 1975 e 1976

I. Após 25-Abr.-1974, deu-se início a um período conturbado, em termos, também, laborais colectivos. Fizeram a sua aparição instrumentos atípicos ou negociados à margem do ordenamento ainda vigente.

No tocante ao sector bancário, foi assinado, em 24-Jan.-1975, um denominado *Protocolo de Aditamento ao Contrato Colectivo de Trabalho Celebrado entre os Sindicatos dos Empregados Bancários dos Distritos de Coimbra, Lisboa e Porto e o Grémio Nacional dos Bancos e Casas Bancárias*[22].

II. Este instrumento continha diversas melhorias remuneratórias e promocionais. Tem muito interesse consignar, no âmbito intitulado X – Previdência, o ponto 4, assim concebido[23]:

4. Para preparar a resolução dos problemas referidos nas alíneas *c)*, *d)* e *e)* do n.º 10 do projecto de protocolo apresentado pelos Sindicatos, as quais a seguir se transcrevem:

c) Enquanto não entrar em funcionamento a Caixa de Previdência e Abono de Família dos Empregados Bancários, as instituições bancárias obrigam-se a comparticipar em 80% do total das despesas que os seus trabalhadores e respectivo agregado familiar, desde que não abrangidos por caixa de previdência, tenham com:

(...)

solicitar-se-á ao Governo a nomeação duma comissão com vista à apresentação de estudo e conclusões destinados a definir, transitoriamente e enquanto não se tiver efectuado a integração do sector no sistema de previdência, o esquema de assistência solicitada:

---

[22] BMT XLII (1975), n.º 9, 329-332; a ordem de publicação foi assinada a 24-Fev.-1975, por CARLOS CARVALHAS, Secretário de Estado; o 1.º signatário era o então Ministro do Trabalho, COSTA MARTINS.
[23] BMT XLII (1975), 331-332.

O esquema que venha a estabelecer-se para suprir esta fase transitória não vinculará a banca em termos de direitos adquiridos ou encargos assumidos, face ao regime que a integração no sistema de previdência vier a determinar no tocante à assistência médico-medicamentosa;

Considera-se que a citada comissão deverá utilizar um prazo máximo de sessenta dias a partir da sua constituição para apresentar as conclusões;

As partes pronunciar-se-ão no prazo de quinze dias úteis sobre a data da apresentação do referido estudo.

III. Um despacho de 20-Fev.-1975 do Ministro do Trabalho (COSTA MARTINS), intitulado *Determinações relativas à aplicação das normas do Protocolo de Aditamento*, alargava o Protocolo às diversas instituições e majorava, para elas, em 1/14, a retribuição anual[24].

IV. Deparamos, ainda em 1975, com um instrumento intitulado *Nivelamento das condições laborais para o sector bancário*, publicado no então *Boletim do Ministério do Trabalho* na secção das convenções colectivas. Trata-se dum documento *sui generis*, com declarações de voto de representantes de Ministérios e que obteve, em 25-Set.-1975, um despacho de concordo do Ministro TOMAZ ROSA[25].

O instrumento apresenta-se como conclusões duma Comissão de Nivelamento nomeada pelo Ministro do Trabalho e pelo Secretário e Estado do Tesouro. Não resistimos a transcrever parte do preâmbulo do documento em causa:

Procedeu-se à revisão das remunerações de estratos mais desfavorecidos, sanaram-se situações escandalosas de privilégios incompatíveis com a sociedade que se pretende edificar, nivelou-se o que foi possível sem perder de vista o contexto histórico do trabalho empreendido e os interesses dos trabalhadores portugueses, bancários e não bancários.

O desenvolvimento do processo político e as medidas que serão levadas a cabo em consonância com ele permitirão, com certeza, criar as condições que possibilitem o aperfeiçoamento das conclusões encontradas, as quais foram amplamente discutidas quer a nível das comissões quer a nível de assembleias de classe.

O "instrumento" em causa não correspondia, efectivamente, a nenhuma fórmula conhecida de regulação laboral. As dúvidas quanto às suas legalidade e efi-

---

[24] BMT XLII (1975), n.º 8, 315.
[25] BMT XLII (1975), n.º 43, 2267-2271.

cácia não tardariam. O Governo, através do então Ministro do Trabalho, MARCELO CURTO, optou por retomar os precisos termos do "instrumento" em causa numa portaria de regulamentação do trabalho, assinada em 27-Fev.-1976[26].

4. A evolução posterior a 1978

I. O 1.º acordo colectivo de trabalho das instituições de crédito, expressamente autodenominado vertical, foi assinado em 14-Abr.-1978[27].

O instrumento, além de 12 anexos e dum Regulamento de Higiene e Segurança no Trabalho, abrangia 162 cláusulas, assim arrumadas:

Capítulo I – Área, âmbito e vigência – 1ª a 3ª;
Capítulo II – Admissão e carreira profissional – 4ª a 21ª;
Capítulo III – Direitos, deveres e garantias – 22ª a 38ª;
Capítulo IV – Prestação de trabalho – 39ª a 59ª;
Capítulo V – Suspensão da prestação de trabalho – 60ª a 86ª;
Capítulo VI – Retribuição – 87ª a 104ª;
Capítulo VII – Sanções e regime disciplinar – 105ª a 123ª;
Capítulo VIII – Prescrição, regime de prova e privilégio dos créditos – 124ª a 126ª;
Capítulo IX – Formação profissional – 127ª a 130ª;
Capítulo X – Benefícios sociais – 131ª a 147ª;
Capítulo XI – Execução do contrato – 148ª a 151ª;
Capítulo XII – Disposições gerais e transitórias – 152ª a 162ª.

O contrato colectivo em causa referia, na sua cláusula 31ª, a medicina do trabalho, cometendo – n.º 1 – às instituições de crédito, os deveres advenientes do Decreto-Lei n.º 47511, de 25 de Novembro de 1967 e do Decreto n.º 47512, da mesma data.

II. Convém ainda ter presente que o Capítulo X – Benefícios sociais onde esta matéria vem tratada, tinha o conteúdo seguinte[28]:

Secção I – Segurança social – 131ª a 137ª;

---

[26] BMT 43 (1976) 5, de 30-Mai.-1976, 219-224.
[27] BTE 45 (1978), n.º 18, 1146-1182.
[28] BTE 45 (1978), I Série n.º 18, de 15-Mai.-1978, 1169-1172, com rectificações BTE 45 (1978), n.º 27, 1758.

Secção II – Regime especial de maternidade – 138ª a 140ª;
Secção III – Subsídio infantil – 141ª;
Secção IV – Empréstimo para habitação – 142ª a 147ª.

Logo a abrir, a cláusula 131ª dispunha:

> As instituições de crédito, por si ou por serviços sociais privativos já existentes, continuarão a garantir aos trabalhadores ao seu serviço os benefícios constantes desta secção (...)

E a 132ª/1:

> No caso de doença ou invalidez, ou quando tenham atingido 65 anos de idade (invalidez presumida) os trabalhadores a tempo completo têm direito (...)

A Caixa Geral de Depósitos ressalvou a aplicabilidade da sua legislação própria. Surgiram, ainda, reservas quanto a restrições à liberdade de recrutamento. Os sindicatos exararam uma resposta enérgica[29]. Uma dúvida concreta ocorrida quanto ao domínio da previdência foi solucionada por decisão arbitral depositada a 31-Jul.-1978[30]. Um aviso para uma Portaria de Extensão relativa a este acordo colectivo e à subsequente decisão arbitral foi publicado no BTE[31].

Em 3-Ago.-1978, foram depositados 6 acordos de adesão relativos àqueles instrumentos[32], seguindo-se mais 2, no dia seguinte[33] e mais 3, em 16-Nov.--1978[34].

O Contrato Colectivo de 14-Abr.-1978 conheceu, a partir de 15-Mai.--1979, algumas alterações: fundamentalmente salariais[35].

---

[29] BTE 45 (1978), n.º 18, 1182.
[30] BTE 45, I Série (1978), n.º 29, de 8-Ago.-1978, 1913-1914; a Comissão Arbitral era composta por CARLOS MOTA PINTO, ANTÓNIO MONTEIRO FERNANDES e MANUEL PEREIRA BARROCAS.
[31] Mais precisamente: BTE 45, I Série (1978), 1ª Série, n.º 33, de 8-Set.-1978, 2125.
[32] BTE 45, I Série (1978), n.º 30, de 15-Ago.-1978, 1944-1946.
[33] Idem, 1947-1948.
[34] BTE 45, I Série (1978), n.º 44, de 29-Nov.-1978, 3262-3263.
[35] BTE 46, I Série (1979), n.º 22, de 15-Jun.-1979, 1682-1683; foi depositada a 20-Jun.-1979 e rectificada em 31-Mai.-1979, BTE 46 cit., n.º 27, 1968.

III. Um 2.º Contrato de Trabalho vertical foi assinado em 28-Jun.-1980[36]. Trata-se dum instrumento sistematicamente semelhante ao de 1978, com alterações no seu interior.

O âmbito da segurança social passou a constar da cláusula 135ª[37], muito semelhante à anterior e acima transcrita cláusula 131ª. A alteração mais saliente deu-se no acrescento do seguinte dispositivo:

> Porém, nos casos em que benefícios da mesma natureza sejam atribuídos por instituições ou serviços de segurança social (...) apenas será garantida pelas instituições de crédito a diferença entre o valor desses benefícios e o dos previstos neste contrato.

A integração das profissões em níveis foi publicada no ano seguinte[38]. E nesse mesmo ano, houve um acordo de revisão com incidência remuneratória[39].

Sucederam-se, depois, os acordos de adesão: 2, publicados em 30-Mar.--1981[40], 1 em 22-Jun.-1981[41], 1 em 22-Jul.-1981[42], 1 em 29-Set.-1981[43], 2 em 14-Nov.-1981[44], 1 em 19-Fev.-1982[45], 1 em 19-Mar.-1982[46], 1 em 10-Mai.--1982[47].

IV. O 3.º contrato colectivo de trabalho vertical para o sector bancário foi assinado em 8-Jul.-1982[48]. Este instrumento mantém a sistematização que ascende a 1978 e, mais longe, à arbitragem de 1973, embora com uma tendência para um alargamento progressivo. Eis o sumário do seu conteúdo:

Capítulo I – Área, âmbito e vigência – 1ª a 3ª;
Capítulo II – Admissão e carreira profissional – 4ª a 25ª;

---

[36] BTE 47, I Série (1980), n.º 26, de 15-Jul.-1980, 1770-1807; depositada em 10-Jul.-1980 e rectificada no BTE 47, I Série (1980), n.º 34, de 15-Set.-1980, 2403.
[37] BTE 47 cit., 1795.
[38] BTE 48, I Série (1981), n.º 25, de 8-Jul.-1981, 1797.
[39] BTE 48, I Série (1981), n.º 26, de 15-Jul.-1981, 1842-1843; foi depositado em 10-Jul.-1981.
[40] BTE 48, I Série (1981), n.º 13, de 8-Abr.-1981, 832.
[41] BTE 48, I Série (1981), n.º 23, de 22-Jun.-1981, 1477.
[42] BTE 48, I Série (1981), n.º 27, de 21-Jul.-1981, 1851.
[43] BTE 48, I Série (1981), n.º 36, de 29-Set.-1981, 2671.
[44] BTE 48, I Série (1981), n.º 42, de 14-Nov.-1981, 2992.
[45] BTE 48, I Série (1982), n.º 8, de 27-Fev.-1982, 450; tratava-se do IFADAP.
[46] BTE 48, I Série (1982), n.º 13, de 8-Abr.-1982; tratava-se da UNICRE.
[47] BTE 48, I Série (1982), n.º 19, de 22-Mai.-1982, 1180.
[48] BTE 49, I Série (1982), n.º 26, de 15-Jul.-1982, 1542-1582.

Capítulo III   – Direitos, deveres e garantias – 26ª a 42ª;
Capítulo IV   – Prestação de trabalho – 43ª a 63ª;
Capítulo V   – Suspensão da prestação de trabalho – 64ª a 88ª;
Capítulo VI   – Retribuição – 89ª a 105ª;
Capítulo VII   – Trabalhador-estudante – 106ª a 110ª;
Capítulo VIII   – Sanções e regime disciplinar – 111ª a 129ª;
Capítulo IX   – Prescrição, regime de prova e privilégio dos créditos – 130ª a 132ª;
Capítulo X   – Formação profissional – 133ª a 136ª;
Capítulo XI   – Benefícios sociais – 137ª a 154ª;
Capítulo XII   – Execução do contrato – 155ª a 158ª;
Capítulo XIII   – Disposições gerais e transitórias – 159ª a 165ª.

O contrato colectivo abrangia, depois, diversos anexos – mais precisamente cinco – e um Regulamento de Higiene e Segurança no Trabalho. A matéria atinente à segurança social tinha escassas alterações: escalonava-se, agora, a partir da cláusula 137ª. Todavia, acentuou-se a pressão tendente à integração dos trabalhadores bancários no sistema de segurança social. Isso levou à inserção da cláusula 141ª (Regime transitório de segurança social), com o seguinte teor:

1. É criada uma comissão formada por 2 representantes das instituições de crédito nacionalizadas, por 1 representante das demais instituições de crédito e por 3 representantes dos sindicatos signatários, com o objectivo de elaborar os estudos e projectos necessários à integração dos trabalhadores bancários no sistema de segurança social, constitucionalmente previsto.

2. A comissão deverá apresentar no prazo de 1 ano projecto de diploma necessário a ser concretizada a integração prevista no número anterior, com respeito pelos direitos adquiridos.

3. Enquanto não for concretizada a integração referida nos números anteriores, o trabalhador que abandonar o sector bancário, por razões que não sejam da sua iniciativa, nomeadamente o despedimento, terá direito, quando for colocado na situação de reforma por invalidez ou velhice prevista no regime de segurança social que lhe for aplicável, ao pagamento pela respectiva instituição de crédito da importância necessária a complementar a sua pensão de reforma, até ao montante que lhe corresponderia se o tempo de serviço prestado no sector bancário fosse considerado como tempo de inscrição na segurança social.

4. Para efeitos do disposto no número anterior presume-se que há abandono por iniciativa do trabalhador quando este for despedido por ter faltado injustificadamente durante 20 dias seguidos.

5. Para efeito da contagem do tempo de serviço prestado no sector bancário, referido no n.º 3, aplica-se o disposto nas cláusulas 16ª e 144ª.

6. O regime estabelecido no n.º 3 desta cláusula só se aplica aos trabalhadores que abandonarem o sector bancário nas condições aí referidas a partir de 15 de Julho de 1982.

A integração em níveis de qualificação foi publicada em 22-Out.-1982[49]. Seguiram-se diversos acordos de adesão, com exemplo no de 21-Abr.-1983[50]. O acordo colectivo de trabalho de 8-Jul.-1982 conheceu uma alteração, fundamentalmente de tipo salarial, assinada em 15-Jul.-1983[51].

Formalmente, o acordo colectivo de 1982 veio, na sua cláusula 165ª, revogar todo o acordo anterior. No entanto e no essencial, ele recebeu-lhe os quadros. A segurança social manteve os dispositivos que a animavam, com a novidade representada pela cláusula 141ª, acima transcrita.

V. Um quarto acordo colectivo vertical foi formalmente assinado em 13-Jul.-1984[52]. O instrumento manteve as linhas anteriores, passando embora a ter 169 cláusulas. A cláusula 169ª revogou o anterior "Acordo Colectivo de Trabalho Vertical para o Sector Bancário". Não obstante, todo o espírito do Direito revogado se manteve, sendo recebido no novo instrumento.

VI. Um novo acordo colectivo de trabalho vertical para o sector bancário foi assinado em 25-Jul.-1986[53]: mantém as grandes linhas dos anteriores. A cláusula 38ª (Âmbito) conservou intocada a referência que vinha da cláusula 131ª, de 1978, quanto à assistência social[54].

A cláusula 142ª, por seu turno, conservou o denominado regime transitório de segurança social (o trabalhador que abandonar o sector bancário ...)[55].

VII. Em 26-Jul.-1990 foi assinado um novo acordo colectivo para o sector bancário[56]. Em boa verdade, podemos falar em "novo acordo" por o BTE

---

[49] BTE 49, I Série (1982), n.º 39, de 22-Out.-1982, 2322.
[50] BTE 50, I Série (1983), n.º 16, de 29-Abr.-1983, 1113.
[51] BTE 50, I Série (1983), n.º 28, de 29-Jul.-1983, 1444-1445; foi depositada em 21-Jul.-1983.
[52] BTE 51, I Série (1984), n.º 28, de 29-Jul.-1984; utilizamos uma versão editada pelo Sindicato dos Bancários do Sul e Ilhas.
[53] BTE 53, I Série (1986), n.º 28, de 29-Jul.-1986, 1735-1778; foi depositado em 28-Jul.-1986.
[54] BTE 53, I Série cit., 1763/I.
[55] BTE 53, I Série cit., 1764/I.
[56] BTE 57, I Série (1990), n.º 31, de 22-Ago.-1990, 2418-2464.

ter procedido a uma publicação integral do instrumento e não, apenas, à publicação das alterações. A sistemática anterior foi mantida.

O acordo colectivo do sector bancário de 1990 conheceu algumas alterações, entradas em 31-Jul.-1992[57].

Em 12-Ago.-1993 foi acordada uma alteração salarial no acordo colectivo de 1992[58]. Novas alterações foram subscritas em 26-Out.-1994, com diversas reservas[59]. Em 29-Dez.-1996, novas alterações, de ordem fundamentalmente salarial, foram adoptadas[60]. Em 23-Jan.-1996, várias instituições de crédito e o Sindicato Nacional dos Quadros Técnicos Bancários celebram um acordo de adesão às referidas alterações[61].

Em 4-Abr.-1997 foram assinadas novas alterações, de relativa amplitude[62]. Tais alterações, precedendo as formalidades legais, foram objecto duma Portaria de Extensão, assinada em 19-Mar.-1998. A evolução subsequente não releva, agora, para os propósitos do presente estudo.

III. O regime transitório das convenções colectivas de trabalho

5. *Direito transitório formal; a substancialização*

I. A evolução da contratação colectiva bancária, de que acima demos breve nota, mostra que, ao tema dos trabalhadores que tenham prestado serviço em instituições de crédito, se vieram a aplicar, sucessivamente, dois distintos instrumentos, com soluções diversas. Tais soluções estão corporizadas nas cláusulas 137ª e 140ª que, embora vigorando hoje, em simultâneo, representam, na verdade, dois esquemas historicamente distintos, como vimos.

Deparamos, nestes termos, com um conflito de normas convencionais no tempo. Esse conflito encontra uma saída com base nas regras gerais de Direito

---

[57] BTE 59, I Série (1992), n.º 31, de 22-Ago.-1992, 2206-2216; foi depositado em 13-Ago.-1992.
[58] BTE 60, I Série (1993), n.º 32, de 29-Ago.-1993, 1416-1417; foi depositda em 13-Ago.-1993.
[59] BTE 61, I Série (1994), n.º 42, de 15-Nov.-1994, 1955-1959; foi depositada em 2-Nov.-1994.
[60] BTE 63, I Série (1996), n.º 2, de 15-Jan.-1996, 42-43; depositado em 4-Jan.-1996.
[61] BTE 63, I Série (1996), n.º 6, de 5-Fev.-1996, 95-96.
[62] BTE 64, I Série (1997), n.º 15, de 22-Abr.-1997, 649-654.

transitório, inseridas no artigo 12.º do Código Civil. Vamos recordar a temática subjacente[63].

II. No Direito do trabalho não há um Direito transitório especial. Salvo preceitos contidos em diplomas delimitados e para efeitos também limitados e bem demarcados, recorre-se, pois, ao artigo 12.º do Código Civil[64], cujo sistema básico é conhecido.

Embora consagrado que o sistema do artigo 12.º do Código Civil tende hoje a ser completado.

De facto, o Direito transitório formal é um Direito de conflitos ou um Direito de segundo grau. Ele não regula directamente situações da vida, antes se limitando, de entre várias normas em presença, a apontar qual tem competência para o fazer. O Direito transitório torna-se, assim, acentuadamente irreal, apresentando escassas ligações com os casos concretos.

Esta situação, assim apresentada, não é desejável nem conveniente. Não é desejável porque o Direito visa sempre resolver casos concretos; não pode, pois, e em nenhum dos seus estádios, alhear-se dessa mesma solução, sob pena de formalismo e de irrealismo. Não é conveniente por não corresponder à efectividade do processo de concretização do Direito. Chamado a resolver um problema, o intérprete-aplicador procura a decisão pesando os diversos argumentos que para ela possam contribuir, entre os quais os elementos transitórios: ele não vai, em separado, determinar uma lei transitoriamente aplicável e, depois, proceder às outras operações de concretização. A metodologia actual entende a realização do Direito como tarefa essencialmente integrada; e nessa integração inclui-se a determinação da lei aplicável, se necessário com recurso ao Direito transitório. Todos os elementos acima apontados a propósito da concretização jurídica entram aqui em jogo.

III. A autonomização de um Direito transitório formal é necessária para efeitos de estudo e de análise. Ela deve, no entanto, ser destruída, em momento posterior, por nova síntese que dê a dimensão real da decisão jurídica. Assim, e logo no domínio do Direito transitório, jogam-se os valores fundamentais do ordenamento, os quais não podem ser ignorados.

---

[63] Cf. MENEZES CORDEIRO, *Manual de Direito do Trabalho* (1994, reimp.), 298; retomamos parte do desenvolvimento expendido no citado estudo em memória do Prof. Castro Mendes.
[64] Cf. MENEZES CORDEIRO, *Manual de Direito do Trabalho* cit., 198 ss..

O Direito transitório tem de atender – e logo de ser sensível – às soluções que efectivamente faculte: a delimitação entre lei nova e lei velha dá-se através de um diálogo entre esquemas formais de aplicação temporal e os valores substantivos em presença.

A tal propósito se fala na substancialização das normas de conflitos: atendendo aos resultados elas condicionam directamente as soluções e dependem delas.

IV. A substancialização das normas temporais de Direito do trabalho atende aos valores próprios desse sector normativo. Entre eles, deverão avultar todos os preceitos que tutelam a pessoa humana, no domínio laboral. Também a confiança é protegida: o Direito transitório deve facilitar a consolidação jurídico-subjectiva alcançada sob a lei velha.

6. *Os direitos adquiridos*

I. Os elementos abordados facultam enquadrar o tema dos "direitos adquiridos" dos trabalhadores. Até que ponto podem ser suprimidos pela lei nova? Alguns pontos, precisamente na linha da substancialização, ancorada na pessoa humana e na tutela da confiança são objecto de regras específicas. Podemos referir, como exemplo, o artigo 11.º/1 da Lei n.º 99/2003, de 27 de Agosto, que aprovou o Código do Trabalho: ressalva as remunerações anteriores, quando mais elevadas. Também o artigo 8.º/1 da mesma Lei ressalva as situações totalmente consumadas, ao tempo da lei velha[65]. E a partir daí?

II. A expressão "direitos" é, com frequência, utilizada sem o alcance técnico que lhe deveria caber[66]. Recorde-se o "direito" ao trabalho que corresponde, no fundo, à ideia programática, a defender por via política, de que o Estado deve prosseguir uma política de pleno emprego ou os "direitos" referidos no artigo 15.º/2 da LRCT que se reportam a figuras ainda não "cristalizadas" ou "vencidas".

Em tais circunstâncias, impõem-se algumas distinções dentro do universo amplo "direitos"; ficam abrangidos:

– direitos subjectivos reconhecidos por sentença transitada ou equivalente;

---

[65] Cf. PEDRO ROMANO MARTINEZ, *Código do Trabalho Anotado* (2003), 39-40.
[66] Quanto do direito subjectivo, *vide* o nosso *Tratado de Direito civil* I/1, 3ª ed. (2005), 311 ss..

- direitos subjectivos já formados na esfera jurídica do titular e exercidos; por exemplo, a retribuição vencida e paga;
- direitos subjectivos já formados na esfera jurídica em causa mas ainda não exercidos; por exemplo, a retribuição vencida mas não paga;
- expectativas automáticas; por exemplo, se atingir cinco anos de serviço, obtém uma diuturnidade;
- expectativas simples: se tiver bom serviço pode ser promovido;
- expectativas programáticas: concretizando o plano constitucional, há pleno emprego, qualidade de vida, etc..

III. Os "direitos" referidos são tutelados de acordo com as regras gerais sobre a retroactividade.

No caso julgado não se pode tocar, sob pena de inconstitucionalidade. Os verdadeiros direitos subjectivos são direitos patrimoniais privados: ninguém pode ser despojado deles sem justa indemnização.

As expectativas – por vezes ditas "direitos" ainda não formados – são vulneráveis. Ninguém tem direito ao salário do próximo ano; nem sequer trabalhou, aliás, no correspondente período, podendo até nunca o vir a fazer. Mesmo as expectativas automáticas podem ser suprimidas, assim sucedendo, designadamente, quando integrem situações complexas alteradas pela lei nova; pense-se, por exemplo, no caso do arrendamento. Esta vulnerabilidade das expectativas tanto opera perante as automáticas como perante as simples.

As expectativas programáticas, por fim, dão lugar a pretensões políticas, a actuar dentro das regras próprias da democracia representativa.

IV. O quadro traçado permite, segundo se julga, solucionar o problema posto pela sucessão no tempo de IRCs. As situações laborais atingidas pelos dois instrumentos – o velho e o novo – regem-se por um ou por outro, de acordo com o artigo 12.º do Código Civil.

Quando – como será de regra dado o seu teor regulativo – o novo IRC vise as próprias situações jurídicas, ele aplica-se às pré-existentes desde a sua entrada em vigor, embora ressalvados os efeitos produzidos. O que é dizer:

- os direitos subjectivos executados ou consolidados ao abrigo do instrumento velho mantêm-se segundo este;
- as posições em formação, mas ainda não subjectivizadas, regem-se pelo instrumento novo.

Deve esclarecer-se, quanto à primeira das referidas categorias, que o direito subjectivo se tem por consolidado logo que fiquem preenchidos todos os seus requisitos substanciais. Isso não é afectado pelo facto de a sua eficácia depender de eventuais *conditiones iuris* tais como: o beneficiário estar vivo aquando da passagem de determinada data, ainda que esta ocorra no futuro. Recorde-se que a condição é, por essência, retroactiva (artigo 276.º, do Código Civil), vindo apenas completar algo predeterminado desde o início.

IV. O regime da reforma no sector bancário

7. *A problemática subjacente*

I. As considerações acima expendidas sobre a substancialização do Direito transitório mostram que não podemos abordar o regime da reforma no sector bancário, na parte em que deriva de uma sucessão de convenções colectivas, sem ter consciência da problemática subjacente. As valorações que dela emerjam deverão contribuir para afeiçoar as regras de Direito transitório a ter em conta.

II. Os contratos colectivos do sector bancário, praticamente desde o início, cometeram, às instituições de crédito, determinadas funções assistenciais. Fizeram-no, naturalmente, por não estar montada uma estrutura própria para a assistência do sector bancário. Todavia, surpreende que o problema se tenha arrastado desde 1938, não estando ainda resolvido na passagem do 25-Abr.-1974. De certo modo, ainda hoje operam consequências dessa inacção: os serviços de assistência médica ou SAMS. Tudo leva a crer que as próprias instituições de crédito não estavam interessadas na criação de serviços assistenciais no sector. Porquê?

III. Desde logo – o ponto é relevado, aliás, na jurisprudência – porque a criação de tais serviços obrigaria as entidades empregadoras a descontar para eles. Os próprios trabalhadores teriam, também, de o fazer, logo surgindo a tendência para repercutirem a quebra do rendimento líquido, assim provocada, em novos pedidos de aumentos salariais. Digamos que a assunção, pela própria banca, de funções assistenciais envolveria a poupança imediata do financiamento de organismos assistenciais específicos. Repare-se, aliás, que tais organismos, pela natureza das coisas, acabam sempre por traduzir novos dispêndios: pessoal próprio, instalações e diversas despesas de organização e de funcionamento. Tudo isso acabará, em última análise, por pesar sobre o sector.

IV. Devemos, depois, ter em conta que a assunção, pelas instituições de crédito, de funções assistenciais as leva a constituir provisões específicas, para a eventualidade de deverem honrar os compromissos assumidos. Pois bem: tais previsões permitem, no fundo, a gestão dos inerentes valores e representam, caso não haja esforço assistencial, uma autêntica mais-valia para as instituições responsáveis.

V. Por seu turno, cabe sublinhar as expectativas legítimas dos trabalhadores bancários. Aquando da contratação e, mais tarde, durante todo o desenvolvimento da respectiva carreira, os trabalhadores do sector abdicariam de outras soluções profissionais, sabendo que tinham garantido um bom enquadramento assistencial: *maxime* uma reforma de qualidade, assegurada por instituições de solvabilidade garantida.

Em suma: as instituições de crédito tiraram um partido imediato da lei velha; os trabalhadores tinham uma confiança legítima de beneficiarem, mais tarde, dessa mesma lei.

8. *O sentido da "lei nova"*

I. Até 1982, as instituições de crédito, pelas razões acima explicitadas e dentro das valorações daí decorrentes, mantiveram uma plena responsabilidade pelas prestações assistenciais aos seus trabalhadores. No tocante à reforma: garantiram-na, pelo patamar da última categoria retributiva.

Nessa data e como vimos, foi prevista uma comissão para a integração dos trabalhadores bancários na segurança social. Perfilava-se, desde 1938, a perda das relativas vantagens que o sector arrecadava, mercê da não sujeição às regras da segurança social: descontos, novas pressões sobre os salários e perda da gestão dos fundos correspondentes. Donde a contrariedade da cláusula 141ª/3: as instituições de crédito deixavam de garantir a reforma por inteiro, passando a assumir, apenas, "... a importância necessária para complementar a sua pensão de reforma, até ao montante que lhe corresponderia se o tempo de serviço prestado para o sector bancário fosse considerado como tempo de inscrição na segurança social".

II. Todavia, os parceiros laborais colectivos, em 1982, tiveram consciência de que a cláusula 141ª/3 ia atingir direitos já constituídos, dos trabalhadores. Por isso, pelo seu n.º 6, só se aplicava aos trabalhadores que abandonassem o sector bancário a partir de 15-Jul.-1982. Para os outros, mantinha-se em vigor o "regime pleno" inserido na cláusula 137ª. Porquê?

III. Estando em vigor o regime "normal" da segurança social, as instituições de crédito pagariam duas vezes pelo mesmo trabalhador: directamente e mediante os descontos a fazer para as caixas ou equivalentes. Não era justo nem adequado, pelo que se fixou uma fronteira.

Nos contratos subsequentes, esse preceito – o do n.º 6 – já não era necessário. A lei nova, com os seus novos equilíbrios e a sua lógica intrínseca passaria a funcionar para o futuro. Entenda-se: para as situações novas.

9. *A salvaguarda das situações consubstanciadas perante a lei velha*

I. Perante os elementos coligidos, começa a sedimentar-se a conclusão inevitável de que as situações consubstanciadas antes de 1982 não podem deixar de se reger inteiramente pela lei velha.

Em face do artigo 12.º/1 do Código Civil, a subsunção é flagrante: ficam ressalvados os efeitos já produzidos pelos factos que a lei se destina a regular. A lei nova não veio reger pensões de reforma; apenas os contratos em vigor depois dela, fazendo-o, naturalmente, para o futuro. Nas revisões subsequentes, a ressalva desapareceu pela sua inutilidade.

II. As considerações do Direito transitório – seja o geral, seja o especial – são confirmadas pela substancialidade das ocorrências. Perante os trabalhadores que tenham abandonado o sector bancário antes de 1982: as instituições não fizeram descontos; não suportaram acréscimos salariais compensadores; efectuaram e geriram provisões adequadas. Como exonerá-las da competente responsabilidade?

III. E pelo prisma dos trabalhadores: aceitaram toda uma carreira na mira (entre outras) das vantagens assistenciais de que iriam usufruir, no termo da sua vida activa. Como privá-los de uma vantagem conseguida no passado, em nome de uma lei nova que nem como retroactiva se apresenta? Aliás, se como tal se apresentasse, ela seria inconstitucional, pela pura e simples violação do artigo 62.º/1, da Constituição.

Se a isso somarmos os vectores juslaborais da tutela dos direitos adquiridos e do *favor laboratoris* na sucessão de leis no tempo, reforçada fica a necessidade de rever, quanto antes, a jurisprudência que, contrariando a orientação tradicional e inteiramente correcta, neste domínio, do nosso foro social, procurou inovar. O sistema jurídico e a Ciência do Direito, na sua globalidade, assim o recomendam.

Dos conflitos temporais de instrumentos de regulamentação colectiva de trabalho

PROF. DOUTOR ANTÓNIO MENEZES CORDEIRO

> SUMÁRIO: *I. A sucessão no tempo de instrumentos de regulamentação colectiva: 1. Generalidades; o predomínio da autonomia colectiva; 2. Os limites e o sentido do artigo 15.° da LRCT; 3. Sucessões automáticas; os fenómenos da verticalização, da consumpção e da especialização. II. A aplicação no tempo de IRCs sucessivos: 4. Conflito de normas no tempo; a substancialização; 5. Os graus de retroactividade; "favor laboratoris" e direitos adquiridos; 6. A cessação da previsão normativa e os direitos dinâmicos. III. O termo de vigência dos IRCs: 7. A cessação dos IRCs; 8. As soluções legais supletivas.*

I. A sucessão no tempo de instrumentos de regulamentação colectiva

1. *Generalidades; o predomínio da autonomia colectiva*

I. Os conflitos temporais de instrumentos de regulamentação colectiva de trabalho colocam diversos problemas. Na sequência, vão ser considerados:

– a sucessão, no tempo, de IRCs;
– a aplicação, no tempo, de IRCs, sucessivos;
– o termo de vigência dos IRCs.

II. Há sucessão no tempo de IRCs sempre que, no tempo, se sigam dois instrumentos desse tipo; com âmbitos de aplicação total ou parcialmente coincidentes.

Em termos de pura análise descritiva, a sucessão poderá ser voluntária ou imposta, homogénea ou heterogénea, parcial ou total e directa ou indirecta.

A sucessão de IRCs é *voluntária* quando resulte de uma opção, nesse sentido, dos parceiros laborais colectivos. Trata-se da hipótese mais frequente: um contrato colectivo, por hipótese, é substituído por outro, diferente, por livre decisão dos parceiros laborais envolvidos.

A sucessão será, pelo contrário, *imposta*, sempre que ocorra por decisão do legislador ou de uma autoridade com poderes para tanto. Os casos mais simples andam em torno da substituição de IRCs voluntários por PRTs ou da simples sucessão de PRTs.

A sucessão é *homogénea* quando a um IRC se siga outro da mesma natureza: dois contratos colectivos sucessivos, dois acordos colectivos subsequentes, dois acordos de empresa, etc. Na hipótese inversa, ela será *heterogénea*.

Há sucessão *parcial* nos casos em que apenas parte de um IRC se mostre substituído por outro; será *total* quando todo o instrumento seja atingido. Finalmente, a sucessão é *directa* quando o novo instrumento pretenda substituir o anterior e se apresente como tal; é indirecta sempre que provenha de outra ordem de factores que, como subproduto, conduzam a uma sucessão de IRC: por exemplo, assim acontece quando uma empresa seja integrada noutra; ao AE eventualmente existente para a empresa em causa sucederão novos IRCs, pelo menos logo que cesse o seu prazo de vigência.

III. Quando, a qualquer título, se ponham problemas em torno da sucessão no tempo de IRCs, o principal factor para a sua solução é a *autonomia colectiva*: compete aos parceiros laborais colectivos – associações sindicais e empresas ou associações patronais –, directa ou indirectamente, fixar a própria sucessão e indicarem o seu âmbito e os seus limites. Nesse sentido cabe referir três argumentos: um argumento de fundo, um argumento constitucional e um argumento de Direito positivo:

argumento de fundo: todo o Direito colectivo do trabalho dos nossos dias é dominado pela ideia de consenso; em termos documentados pela Psicologia, pela Sociologia, pela Antropologia e pela Ciência Política, uma mesma solução tem resultados diferentes consoante seja imposta do exterior ou seja adoptada por consenso dos destinatários; esse fenómeno constitui o *cerne do actual Direito colectivo do trabalho,* sendo bem conhecidas as vantagens da liberdade na procura da paz social;

argumento constitucional: a Constituição da República, assegura, no seu artigo 56.°/3 e 4, o direito de contratação colectiva, o qual só pode ser restringido pela lei; ora "lei" só poderá, aqui, ser lei formal e não o mero IRC anterior; as partes laborais colectivas podem, pois, por força da Constituição, "ignorar" os anteriores IRCs, substituindo-os por novos[1];

argumento de Direito positivo: o Direito vigente, designadamente os artigos 4.º, *a)* da LS, 5.º/1, *a)* da LAP e 3.º/1 da LRCT, cometem aos parceiros laborais colectivos competência para celebrar convenções colectivas de trabalho; ora se o podem fazer *ex novo,* por maioria de razão poderão fazê-lo em substituição de outras, pré-existentes.

IV. O predomínio da autonomia colectiva implica que os parceiros laborais colectivos possam decidir a substituição de IRCs, o momento dessa substituição e a extensão das mudanças a introduzir.

À partida, esse poder de, por acordo, substituir IRCs *não pode ser limitado pelos instrumentos anteriormente vigentes*: na parte obrigacional, tais IRCs anteriores seriam pura e simplesmente distratados pelo novo acordo; na parte regulativa, haveria que lidar com regras de Direito transitório, sendo contudo certo que as situações inteiramente formadas ao abrigo da lei nova encontrariam, nesta, toda a sua regulamentação.

Os limites possíveis à liberdade de substituição de IRCs são, apenas, os limites legais gerais postos por lei à autonomia colectiva e que se encontram enumerados no artigo 6.º/1 da LRCT.

2. *Os limites e o sentido do artigo 15.º da LRCT*

I. Uma aparente fonte de complexidades poderia ser constituída pelo artigo 15.º/1 da LRCT, assim articulado:

> As condições de trabalho fixadas por instrumento de regulamentação colectiva só podem ser reduzidas por novo instrumento de cujo texto conste, em termos expressos, o seu carácter globalmente mais favorável (...)

O n.º 2 do mesmo preceito, por seu turno, explicita:

> A redução prevista no número anterior prejudica os direitos adquiridos por força de instrumento de regulamentação colectiva de trabalho substituído (...)

---

[1] Em especial, BERNARDO XAVIER, *Sucessão no tempo de Instrumentos de Regulamentação Colectiva e princípio do tratamento mais favorável,* RDES XXIX (1987), 465-512 (500 ss.). Na versão anterior à Revisão de 1989, dispunha o artigo 57.º/3 e 4.

Este preceito deve ser interpretado e, antes do mais, historicamente colocado. Ele deriva, na sua redacção actual, do artigo 4.º/4 do Decreto-Lei n.º 164-A/76, de 28 de Fevereiro, na redacção dada pelo Decreto-Lei n.º 887/76, de 29 de Dezembro[2]; e o referido preceito do Decreto-Lei n.º 164-A/76 corresponde, por seu turno, ao artigo 5.º/1 do Decreto-Lei n.º 49.212, de 28 de Agosto de 1969, na redacção dada pelo Decreto-Lei n.º 492/70, de 22 de Outubro, cujo teor exacto vale a pena ter em conta[3]:

> As regalias concedidas aos trabalhadores por algum dos modos previstos no artigo 1.º deste diploma só poderão ser diminuídas por novos instrumentos de regulamentação colectiva do mesmo grau hierárquico que expressamente se considerem, no seu conjunto, mais favoráveis aos trabalhadores que os então vigentes.

Tratava-se duma regra clássica do período de optimismo expansionista que antecedeu a crise do petróleo (1973) e que correspondia ainda ao dirigismo social do Estado Novo[4].

II. Se bem se atentar, o *sentido do normativo do preceito do Decreto-Lei n.º 49.212 era, na realidade,* o *de permitir a diminuição das regalias concedidas aos trabalhadores* através de novos IRCs. Não é seguro, perante o Direito privado comum, que um direito possa, sem mais, ser suprimido por uma lei nova, sem compensação. Basta recordar o princípio dos direitos adquiridos, como modo de solucionar os concursos temporais de normas e que remonta a Savigny; e o próprio parâmetro da não-retroactividade das leis conduz a idênticas dificuldades.

Ora o artigo 5.º/1 do Decreto-Lei n.º 49.212, acima transcrito, diz pura e simplesmente que tal redução é possível, no domínio laboral colectivo. Fê-lo, porém, com uma compensação: a de se considerarem expressamente no seu conjunto, mais favoráveis aos trabalhadores. Essa compensação, atenta a proibição de lutas laborais colectivas então vigentes, *era de conteúdo linguístico*. Não seria possível um controlo efectivo pelas organizações sindicais uma vez que a "declaração global de favorabilidade" poderia surgir em sentença arbitral imputável, em última análise, ao Estado[5]. Por outro lado, tão-pouco se perfilava uma

---

[2] Cf. JOÃO CAUPERS/PEDRO MAGALHÃES, *Relações colectivas de trabalho* (1978), 63 e 113.
[3] Cf. HENRIQUE NASCIMENTO RODRIGUES, *Regime Jurídico das Relações Colectivas de Trabalho Anotado* (1971), 32; o preceito pode, ainda, ser confrontado em BERNARDO XAVIER, *Sucessão no tempo de IRC* cit., 492.
[4] *Vide* os importantes considerandos de BERNARDO XAVIER, *Sucessão no tempo de IRC* cit., 492 ss..
[5] Além do mais, o texto do artigo 5.º/1 do Decreto-Lei n.º 49.212 não requeria que a decla-

sindicância material que pudesse asseverar a veracidade de qualquer declaração de favorabilidade, inserida em IRC.

Com frontalidade: o IRC que, injustificadamente, decidisse reduzir as regalias dos trabalhadores não teria dificuldade em proclamar a sua natureza globalmente mais favorável, uma vez que não se mostravam asseguradas as liberdades sindical e de luta. A referência à natureza mais favorável era simples cobertura linguística para tal eventualidade.

III. A passagem do preceito para o Decreto-Lei n.º 164-A/76 não provocou alterações de fundo nesse domínio. Se se atentar na sequência em que ele surgia, verifica-se o seguinte:

– o artigo 4.º/1, *c*), proibia aos IRCs desfavorecer os trabalhadores perante o legalmente assegurado;
– o artigo 4.º/4 permitia, contudo, tal desfavor, quando a vantagem a suprimir proviesse de simples IRC.

A redutabilidade de tais vantagens era, pois, o cerne do preceito. Simplesmente – desta feita com conteúdo efectivo – obrigava-se à responsabilização dos sindicatos, em tal ocorrência: agora já em moldes indubitáveis, exigia-se que o próprio texto do IRC redutor proclamasse a sua natureza mais favorável. Mas a questão continuava em aberto: o sindicato que, dolosa ou negligentemente, reduzisse os direitos dos trabalhadores, teria alguma dúvida em subscrever uma declaração de favorabilidade?

No fundo, o artigo 4.º/4 do Decreto-Lei n.º 164-A/76, fruto da sua época e dos seus antecedentes históricos, trocou uma limitação aos trabalhadores por uma compensação linguística.

IV. Chegou-se, assim, à actual LRCT. Este diploma caracterizou-se, dum modo geral, por vir ampliar – a autonomia colectiva. De todo o modo – e apenas com uma importante deslocação sistemática – ele consagrou preceito idên-

---

ração de favorabilidade global estivesse inserida no próprio texto; "... expressamente se considerem ..." era, na verdade, uma locução totalmente impessoal, que não esclarecia *quem* deveria, afinal, considerar. A doutrina da época – cf. NASCIMENTO RODRIGUES, *Regime jurídico* cit., 33 [anot. III ao artigo 5.º, *b*)] – com o fito claro de limitar o arbítrio da Administração valorizando a contratação colectiva, interpretou o preceito, algo ambíguo, no sentido de o *próprio texto* do IRC redutor se autoproclamar mais favorável; nesse sentido, fez depor mesmo a alteração introduzida em 1970 a qual, não obstante, não fechou todas as margens de dúvidas.

tico ao da sua antecessora. A doutrina veio, no entanto, a acumular precisões que importa reter. Em primeiro lugar, numa linha aberta por Monteiro Fernandes, o artigo 15.°/2 da LRCT não pode ser entendido como referindo "direitos subjectivos"[6]: estes, uma vez formados ("cristalizados", "vencidos"), são direitos patrimoniais privados, tutelados pelo artigo 62.°/1 da Constituição. Os "direitos" a reduzir são, pois, normas jurídicas que, a conhecerem (no futuro) aplicação trariam vantagens para os trabalhadores.

Em segundo lugar, num ponto conquistado graças a Bernardo Xavier, o artigo 15.°/1 apenas funciona perante uma sucessão de IRCs similiares: AEs, CCTs, etc.[7], ou seja, em face do que aqui se chamou *"sucessão homogénea"*. Se por qualquer razão a um AE sucede um CCT ou vice-versa, deixa de ser possível qualquer comparação entre eles, não fazendo sentido a exigência do mesmo artigo 15.°.

Em terceiro lugar e por fim, numa questão suscitada – e resolvida também por Bernardo Xavier: *quid iuris* se, de todo em todo, for impossível manter o nível dum IRC, por objectivas razões económicas, havendo que baixar o nível dos trabalhadores?

V. O artigo 15.° da LRCT deve ser interpretado de modo a, dele, se retirar um sentido útil e conforme com a Constituição[8]. Ele não pode, à luz desta última proposição, ser entendido como permitindo a um IRC limitar a autonomia colectiva ulterior, que se manifestaria aquando da celebração do novo IRC: a autonomia colectiva tem consagração constitucional: apenas a lei a pode restringir[9].

Os sindicatos podem, pois, negociar quebras nas regalias dos trabalhadores. Basta ver que uma conjuntura desfavorável, de todo fora do controlo dos parceiros laborais colectivos, a tanto pode obrigar: um bom sindicato tentará minimizar as perdas, mas não fará milagres.

Cabe transcrever Bernardo Xavier:

> O art. 15.° da LRCT não pode pois ser interpretado como consagrando o irrealizável ou, pior, como estimulando os contraentes a fazer uma declaração

---

[6] A. L. MONTEIRO FERNANDES, *Noções Fundamentais de Direito do Trabalho II – Relações colectivas de trabalho* (1989, reimp. ed. 1983), 175. Esta linha, que se pretende aprofundar no texto, é ainda sufragada por BERNARDO XAVIER, *Sucessão no tempo de IRC* cit., 484.

[7] BERNARDO XAVIER, *Sucessão no tempo de IRC* cit., 504.

[8] Quanto à interpretação conforme com a Constituição, em especial no Direito do trabalho, cf. MENEZES CORDEIRO, *Manual de Direito do Trabalho* (1991), 154 ss..

[9] Cf., num ponto já acima citado, BERNARDO XAVIER, *Sucessão no tempo de IRC* cit., 500.

incontrolável para manter as aparências do eterno progresso, afirmando, num ritual exorcizante, que as novas condições são globalmente mais favoráveis, quando o não são nem podem ser[10].

E mais adiante:

O art. 15.º da LRCT, para lhe dar sentido útil conforme a Constituição, terá de ser entendido nestes termos: salvo nos casos em que o IRCT revoga expressa ou implicitamente determinadas vantagens ou regalias, deve entender-se que essas condições anteriormente estabelecidas só podem dar-se como afectadas quando o novo IRCT se considere globalmente mais favorável para os trabalhadores[11].

VI. Bernardo Xavier, colocou, pois, o artigo 15.º da LRCT em termos novos. E a linha assim aberta afigura-se ajustada, devendo ser aprofundada.

A referência a um "tratamento mais favorável" é uma locução tradicional no Direito do trabalho. Ao mencioná-la, o artigo 15.º não está a fixar uma norma de conflitos[12]: o concurso entre IRCs é, aqui, logo resolvido pelo fenómeno da sua sucessão[13] e pela ressalva dos direitos "cristalizados" (Monteiro Fernandes). Tratamento mais favorável tem, pois, aqui o *sentido programático* de recomendar aos parceiros sociais uma atitude de progresso.

Também os "termos expressos" têm um conteúdo programático, a localizar no seu espírito e não na sua letra: o que a lei pretende é uma consciencialização dos sindicatos para o que façam, independentemente de declarações formais.

O conteúdo útil preceptivo do artigo 15.º/1 está no advérbio "globalmente". Quando a um IRC suceda outro, do mesmo tipo[14], as normas do primeiro podem:

– ser revogadas expressamente por normas do segundo;
– ser substituídas – e logo revogadas implicitamente – também por normas do segundo;
– nada dizer ou deixar entender.

---

[10] *Idem*, 499.
[11] *Idem*, 502-503.
[12] Dentro do entendimento que o signatário tem vindo a defender do *favor laboratoris*, designadamente no *Manual* e em *O princípio do tratamento mais favorável* cit..
[13] Que dá lugar, pois, a uma conexão consumptiva.
[14] Sendo o tipo diferente, o segundo substitui o primeiro, como foi visto.

Neste último caso, fica a questão de saber se as normas do primeiro IRC vigoram em conjunto com as do segundo ou se caiem. Aí responde o artigo 15.º da LRCT: havendo *revogação global*[15], tudo quanto estava no anterior IRC, mesmo que não revogado já expressa ou implicitamente, é atingido.

E a *revogação global* corresponde a uma autónoma intenção normativa do novo IRC a qual pode, por razões de tradição, ser expressa pela ideia de "tratamento mais favorável". Subentende-se, naturalmente, que é "mais favorável dentro do possível" e que essa intenção normativa de revogação global pode ser manifestada por quaisquer palavras ou conjunções; não se requerem fórmulas rituais muito fora do imaginável neste final de século.

3. *Sucessões automáticas; os fenómenos da verticalização, da consumpção e da especialização*

I. Nas rubricas anteriores foi especialmente tratada a hipótese da sucessão de IRCs ocorrida nos termos e por força da autonomia colectiva, directamente a tanto dirigida. Trata-se, agora, de ponderar as – aliás já aludidas – sucessões indirectas ou automáticas, isto é, as ocorridas por via de vicissitudes que, embora dirigidas a outros objectivos, acabam por acarretar a substituição, por outro, de um IRC inicial.

Em abstracto, tal poderá suceder por força de um de três fenómenos, todos com rastos na lei:

– a verticalização;
– a consumpção;
– a especialização.

Cabe ponderá-los, ainda que com a brevidade necessária.

II. Há *verticalização* quando se passe de um IRC que regia situações laborais arrumadas por funções ou tipos de actividades para um ou outro estruturado segundo ramos de actividades, grupos de empresas ou empresas[16].

Ora a verticalização acarreta a substituição automática dos antigos IRCs horizontais pelos novos. Dispõe o artigo 12.º da LRCT:

---

[15] Cf. o artigo 7.º/2, *in fine*, do Código Civil.
[16] Cf., por todos e com exemplos, MENEZES CORDEIRO, *Manual de Direito do Trabalho* cit., 292.

A entrada em vigor de um instrumento de regulamentação colectiva das relações de trabalho num ramo de actividade faz cessar automaticamente a vigência das convenções cujo âmbito se define por profissão ou profissões relativamente àquele ramo de actividade e aos trabalhadores também abrangidos por aquele instrumento.

A lei parece dispensar glosas. Note-se apenas a não aplicabilidade do artigo 15.º da LRCT, por expressa injunção legal e, ainda, por não haver aqui uma sucessão homogénea.

III. Há *consumpção* sempre que um âmbito laboral sujeito a certo IRC vá cair no campo de um IRC mais vasto. Assim sucederia quando houvesse um CCT para jurisconsultos e surgisse outro para juristas, no qual a categoria "jurisconsulto" fosse visada ou quando, havendo um CCT para o sector do etileno, surgisse outro para o sector químico, que especificasse o primeiro.

Havendo consumpção, a sucessão será automática ou indirecta na medida em que não fosse intenção das partes substituir um IRC por outro mas, tão-só, regular todo um sector mais vasto.

Segundo se julga, *uma situação de consumpção implica a automática substituição do primeiro IRC pelo segundo*: trata-se duma conclusão que resulta do artigo 12.º da LRCT: os IRC "mais" verticais prevalecem sobre os anteriores.

Quando a consumpção não seja total, haverá que atentar no sentido das normas em jogo e, *maxime*, na natureza global ou não global da revogação operada pelo segundo IRC.

IV. Há *especialização* nos casos em que, no âmbito de um IRC vigente, surja um segundo IRC de aplicação mais restrita e mais intensa. Por exemplo, havendo um ACT para o sector bancário, verifica-se que uma instituição de crédito celebra um AE.

A especialização vem mencionada no artigo 14.º/2, *a*), da LRCT:

> Sendo um dos instrumentos concorrentes ou um acordo colectivo ou um acordo de empresa, será esse o aplicável.

Também nesta hipótese a substituição de IRCs é automática, em termos que não carecem de mais explicações e que dispensam o artigo 15.º.

V. Os fenómenos da verticalização, da consumpção e da especialização determinam a natureza aparente dos respectivos concursos. Estes não chegam, sequer, a ocorrer, uma vez que há soluções imediatas: o aparecimento da segunda fonte suprime, por si só, a primeira.

Torna-se, pois, decisivo saber se, entre dois ou mais IRCs que se sigam no tempo, é possível estabelecer relações de verticalização, de consumpção ou de especialização. Apenas a interpretação dos instrumentos em presença permitirá fazê-lo.

II. A aplicação no tempo de IRCs sucessivos

4. *Conflito de normas no tempo; a substancialização*

I. Na linha de pesquisa previamente traçada cabe, agora, ponderar o tema da aplicação no tempo de IRCs sucessivos. O objectivo será, naturalmente, o de responder à seguinte questão: *quid iuris* quando uma mesma situação jurídica laboral seja atingida por dois ou mais IRCs sucessivos?

Quando isso suceda ocorre um típico conflito de normas no tempo. Tal conflito encontra uma solução de fundo nas regras gerais de Direito transitório inseridas no artigo 12.º do Código Civil[17]. Cabe recordar toda essa matéria.

II. O problema dos conflitos de normas no tempo põe-se quando uma mesma situação jurídica entre em contacto com normas novas e velhas. O *Direito transitório* é, então, chamado a intervir. E pode fazê-lo por uma de duas vias: ou *materialmente*, fixando um regime de transição que assegure a passagem dum esquema para o outro; ou *formalmente*, limitando-se a apontar, das leis em conflito, qual a competente para solucionar o problema. Esta última solução, própria da técnica das normas de conflitos, do tipo do Direito internacional privado, é a mais frequente.

O *Direito transitório formal* pode, por seu turno, ser geral ou específico. *Geral* sempre que vise aplicar-se a múltiplas disciplinas, indistintamente consideradas; no essencial, ele encontra-se no artigo 14.º do Código Civil. Especial nos casos em que tenha sido articulado para operar perante disciplinas específicas: Direito penal, Direito fiscal ou Direito processual civil.

III. No Direito do trabalho não há um Direito transitório especial. Salvo preceitos contidos em diplomas delimitados e para efeitos também limitados e bem demarcados, recorre-se, pois, ao artigo 12.º do Código Civil[18].

---

[17] Cf. MENEZES CORDEIRO, *Manual de Direito do Trabalho* cit., 298.
[18] Cf. MENEZES CORDEIRO, *Manual de Direito do Trabalho* cit., 198 ss..

Este preceito surge na sequência duma evolução que cumpre conhecer, ainda que com brevidade.

À primeira vista, poderia parecer que, perante uma sucessão de leis no tempo, a lei nova teria pretensões de aplicação integral: com a sua entrada em vigor, a lei velha seria proscrita da ordem jurídica, desaparecendo todos os seus efeitos a favor da lei nova. Este radicalismo em prol da lei nova conduz a resultados inaceitáveis; basta ver que todas as situações duráveis validamente constituídas ao abrigo da lei antiga – como, por exemplo, os casamentos – seriam postas em causa quando ocorresse uma substituição de leis.

Perante esse obstáculo, poder-se-ia gerar um radicalismo de sinal contrário: todas as situações constituídas ao abrigo da lei velha deveriam perdurar tal e qual, quando surgisse uma lei nova com o mesmo âmbito de aplicação. O primado da lei velha também levaria a saídas inconvenientes: certas situações jurídicas ficariam, para sempre, inalteráveis, regendo-se por ordenamentos há muito desaparecidos. Assim sucederia com o direito de propriedade, que faria apelo a normas romanas ou, porventura, ainda anteriores.

Como ponto de partida pode, assim, assentar-se em que lei nova e lei velha têm âmbitos próprios de aplicação. A repartição desses âmbitos há-de ter uma qualquer ligação com a data da entrada em vigor da lei nova, embora não possa depender, em toda a sua extensão, apenas desse factor.

IV. Na busca de bitolas materiais que ofereçam uma efectiva delimitação entre a lei nova e a lei velha pode apontar-se, em primeira linha, a ideia de que não deve haver retroactividade, no sentido de deverem ser respeitados determinados efeitos já provocados.

Coube a Savigny oferecer um primeiro critério da não retroactividade, isto é, dos efeitos a preservar pela lei nova.

Segundo Savigny, haveria que fazer uma distinção, hoje clássica, entre situações que instituem direitos e situações que estabelecem meras expectativas. Perante o direito adquirido ao abrigo da lei velha, a lei nova deveria deter-se, respeitando-o. Pelo contrário, defronte de meras expectativas geradas pela lei velha, a lei nova teria aplicação imediata.

Apesar do avanço analítico demonstrado por esta orientação, mantêm-se certos aspectos indesejáveis, já aludidos. Com efeito, não é exacto que um direito adquirido deva ficar intocável, para todo o sempre, regendo-se pela lei velha. Tal situação conduziria, com acima se disse, a que direitos como o de propriedade se pautassem, por exemplos, pelo Direito romano. Para além disso, introduz-se um novo factor de discussão: não é segura a distinção entre direitos e expectativas, sendo de mau método elevar um factor menos claro a chave de todo um sistema.

V. Uma nova ordenação do problema foi preconizada por Enneccerus e com a maior importância: a sua doutrina foi adoptada por Manuel de Andrade, passando, através dele, ao Código Civil, mais precisamente ao seu artigo 12.º. Perante uma lei nova, tudo estaria em saber se ela visa regular factos jurídicos ou situações jurídicas.

Quando a lei nova pretenda regular factos jurídicos em si, reportando-se, pois, à sua validade formal e substancial, ela só se aplica aos factos novos. Por exemplo, os contratos de casamento celebrados ao abrigo da lei antiga sobrevivem quando a lei nova venha estabelecer novos requisitos formais ou substanciais para a celebração de casamentos.

Quando a lei nova vise reger situações jurídicas, ela atinge a generalidade das situações existentes, mesmo quando formadas ao abrigo da lei velha. Por exemplo, a lei que venha alterar o conteúdo da propriedade aplica-se aos direitos já constituídos à data do seu aparecimento. Poderá pôr-se, aqui, um problema de retroactividade, a examinar mais abaixo.

VI. Embora formalmente inatacável, este sistema tende hoje a ser completado.

De facto, o Direito transitório formal é um Direito de conflitos ou um Direito de segundo grau. Ele não regula directamente situações da vida, antes se limitando, de entre várias normas em presença, a apontar qual tem competência para o fazer. O Direito transitório torna-se, assim, acentuadamente irreal, apresentando escassas ligações com os casos concretos.

Esta situação, assim apresentada, não é desejável nem conveniente. Não é desejável porque o Direito visa sempre resolver casos concretos; não pode, pois, e em nenhum dos seus estádios, alhear-se dessa mesma solução, sob pena de formalismo e de irrealismo. Não é conveniente por não corresponder à efectividade do processo de concretização do Direito. Chamado a resolver um problema, o intérprete-aplicador procura a decisão pesando os diversos argumentos que para ela possam contribuir, entre os quais os elementos transitórios: ele não vai, em separado, determinar uma lei transitoriamente aplicável e, depois, proceder às outras operações de concretização. A metodologia actual entende a realização do Direito como tarefa essencialmente integrada; e nessa integração inclui-se a determinação da lei aplicável, se necessário com recurso ao Direito transitório. Todos os elementos acima apontados a propósito da concretização jurídica entram aqui em jogo.

VII. A autonomização de um Direito transitório formal é necessária para efeitos de estudo e de análise. Ela deve, no entanto, ser destruída, em momento posterior, por nova síntese que dê a dimensão real da decisão jurídica. Assim, e logo no domínio do Direito transitório, jogam-se os valores fundamentais do ordenamento, os quais não podem ser ignorados.

O Direito transitório tem de atender – e logo de ser sensível – às soluções que efectivamente faculte: a delimitação entre lei nova e lei velha dá-se através de um diálogo entre esquemas formais de aplicação temporal e os valores substantivos em presença.

A tal propósito se fala na *substancialização* das normas de conflitos: atendendo aos resultados elas condicionam directamente as soluções e dependem delas.

5. *Os graus de retroactividade;* "**favor laboratoris**" *e direitos adquiridos*

I. Questão melindrosa no Direito transitório é a colocada por normas retroactivas. À letra, retroactividade é a actuação sobre o passado. No entanto, a expressão será aqui usada em termos bastante mais latos: ela implicará qualquer situação em que se venha bulir com algo já existente ou de possível consubstanciação. Torna-se então necessário distinguir diversas formas ou graus de "retroactividade": o alargamento da ideia vai, de facto, levá-la a abarcar diferentes realidades.

A doutrina especializada tem ido bastante longe nesse domínio; pelas necessidades da exposição vai, de seguida, efectuar-se uma simples distinção de três formas de retroactividade, consubstanciadas em outros tantos graus de ordem decrescente: o terceiro grau ou *grau máximo,* o segundo grau ou *grau médio* e o primeiro grau ou *grau fraco*.

II. No *grau máximo* ou *forte,* a lei é retroactiva quando pretenda agir sobre o caso julgado anterior. O caso julgado é uma decisão jurídica definitiva que, formalmente, já não admite mais alterações. Em regra, quando se fala de caso julgado tem-se em vista a sentença transitada, a qual não admite, como se sabe, recurso ordinário. Tal noção pode, contudo, ser estendida a outros tipos de decisões jurídicas – por exemplo, actos administrativos – que, por razões de Direito, não mais possam ser alteradas.

No *grau médio,* a lei é retroactiva quando actue sobre factos inteiramente decorridos no passado, ainda que sem a cobertura do caso julgado, isto é, da decisão jurídica insusceptível de alteração por vias ordinárias. Assim sucederia, por exemplo, quando uma lei que baixasse a taxa de juros determinasse a restituição de juros vencidos e pagos ao abrigo da lei velha.

No *grau fraco*, a lei é retroactiva quando actue sobre situações jurídicas pré-existentes, mas que ainda não produziram todos os seus efeitos; a alteração vai centrar-se, então, sobre os efeitos ainda não verificados. Por exemplo, haveria retroactividade fraca no diploma que, ao alterar as taxas de juros, atingisse os contratos celebrados ao abrigo da taxa anterior, mas de modo a abranger apenas os juros ainda não vencidos.

III. O artigo 12.º do Código Civil, pode conduzir, em certos casos, a situações de *"retroactividade"* fraca ou do primeiro grau: assim sucede quando a lei nova, *por pretender regular de modo directo o conteúdo de certas situações jurídicas, atinja situações pré-existentes, constituídas* ao *abrigo da lei velha*. Entende-se pois que fica na disponibilidade do legislador o estabelecer este modo de retroactividade. Certos limites, que ainda devem ser tidos em conta, serão objecto de uma menção específica.

Em compensação, a *retroactividade forte* ou do terceiro grau é inconstitucional. Segundo o artigo 282.º/3 da Constituição, havendo declaração de inconstitucionalidade com força obrigatória geral, ficam ressalvados os casos julgados firmados ao abrigo do próprio diploma viciado. Este argumento jurídico-positivo somado à necessidade de, por forma definitiva, deixar incontroversa a coisa julgada, permite considerar inequívoca a inconstitucionalidade da retroactividade de grau máximo.

A *retroactividade média* – portanto aquela que vai atingir efeitos inteiramente produzidos ao abrigo da lei velha – coloca questões de fronteira mais delicadas. Julga-se que o legislador pode impor esquemas de retroactividade média desde que o faça expressamente e desde que, ao fazê-lo, respeite certos postulados constitucionais. Por exemplo, o diploma que viesse alterar a taxa de juros e que determinasse a restituição de juros anteriormente vencidos e pagos, iria bulir com o artigo 62.º da Constituição, que garante a propriedade privada. A retroactividade seria possível desde que os titulares atingidos fossem indemnizados.

IV. Ocorre perguntar se o *favor laboratoris*, enquanto norma de conflitos, tem algum particular papel a desempenhar nas questões acima referidas dos conflitos temporais de norma e dos graus de retroactividade. O problema é despoletado pela existência de algumas regras específicas de Direito transitório laboral, como as contidas nos artigos 10.º e 54.º dos Decretos-Leis n.º 49.408, de 24 de Novembro de 1969 e n.º 409/71, de 27 de Setembro, respectivamente, que ressalvam os esquemas anteriores, no que sejam mais favoráveis para os trabalhadores.

Como é sabido, a existência, num ramo normativo, de soluções particularizantes tanto pode dar lugar a argumentos por analogia como *a contrario*. Não é possível escolher logicamente entre eles, numa das críticas tradicionais à jurisprudência dos conceitos. Por isso, há que atentar nos valores em jogo.

Tanto o Decreto-Lei n.º 49.408 como o n.º 409/71, pelo seu teor como pela conjuntura expansionista em que surgiram visaram, de modo assumido, melhorar as condições dos trabalhadores. Ora bem estranho seria que, pontualmente, elas viessem piorar: antes, então, que se mantivessem. Por isso, os citados artigos 10.º e 54.º não obedecem a qualquer lógica do Direito transitório *mas, tão só, à lógica dos diplomas em que eles se incluem*. Nessa base não é possível qualquer generalização: o artigo 12.º do Código Civil, com as suas conexões, suplanta o *favor*.

V. O material reunido permite responder ao problema dos "direitos adquiridos" dos trabalhadores.

A expressão "direitos" é, com frequência, utilizada sem o alcance técnico que lhe deveria caber. Recorde-se o "direito" ao trabalho que corresponde, no fundo, à ideia programática, a defender por via política, de que o Estado deve prosseguir uma política de pleno emprego ou os "direitos" referidos no artigo 15.º/2 da LRCT que se reportam a figuras ainda não "cristalizadas" ou "vencidas". Em tais circunstâncias, impõem-se algumas distinções dentro do universo amplo "direitos"; ficam abrangidos:

– direitos subjectivos reconhecidos por sentença transitada ou equivalente;
– direitos subjectivos já formados na esfera jurídica do titular e exercidos; por exemplo, a retribuição vencida e paga;
– direitos subjectivos já formados na esfera jurídica em causa mais ainda não exercidos; por exemplo, a retribuição vencida mas não paga;
– expectativas automáticas; por exemplo, se atingir cinco anos de serviço, obtém uma diuturnidade;
– expectativas simples: se tiver bom serviço pode ser promovido;
– expectativas programáticas: concretizado o plano constitucional, há pleno emprego, qualidade de vida, etc..

VI. Os "direitos" referidos são tutelados nos precisos termos acima considerados a propósito dos graus de retroactividade.

No caso julgado não se pode tocar, sob pena de inconstitucionalidade. Os *verdadeiros direitos subjectivos* são direitos patrimoniais privados: ninguém pode ser despojado deles sem justa indemnização.

As *expectativas* – por vezes ditas "direitos" ainda não formados – são vulneráveis. Ninguém tem *direito* ao salário do próximo ano; nem sequer trabalhou, aliás, no correspondente período, podendo até nunca o vir a fazer. Mesmo as expectativas automáticas podem ser suprimidas, assim sucedendo, designadamente, quando integrem situações complexas alteradas pela lei nova; pense-se, por exemplo, no caso do arrendamento. Esta vulnerabilidade das expectativas tanto opera perante as automáticas como perante as simples.

As *expectativas programáticas*, por fim, dão lugar a pretensões políticas, a actuar dentro das regras próprias da democracia representativa.

VII. O quadro traçado permite, segundo se julga, solucionar o problema posto pelo sucessão no tempo de IRCs. As situações laborais atingidas pelos dois instrumentos – o velho e o novo – regem-se por um ou por outro, de acordo com o artigo 12.º do Código Civil.

Quando – como será de regra dado o seu teor regulativo – o novo IRC vise as próprias situações jurídicas, ele aplica-se às pré-existentes desde a sua entrada em vigor, embora ressalvados os efeitos produzidos. O que é dizer:

– os direitos subjectivos executados ou consolidados ao abrigo do instrumento velho mantêm-se segundo este;
– as posições em formação, mas ainda não subjectivizadas, regem-se pelo instrumento novo.

6. *A cessação da previsão normativa e os direitos dinâmicos*

I. Alguma dúvida pode ainda manter-se quando a aplicação de IRCs sucessivos venha bulir com situações jurídicas duradouras ou com os denominados direitos dinâmicos, isto é, direitos susceptíveis de gerar novos direitos.

A situação jurídica duradoura corresponde a um *"status"* que exige ou implica deveres de conduta contínuos, para o futuro. Pergunta-se: tal situação, formada ao abrigo do instrumento velho, é afectada por um instrumento novo que disponha de outra maneira?

Como regra geral, a lei nova pode alterar situações pré-vigentes, desde que o faça apenas para o futuro: pense-se na legislação sobre o arrendamento. No Direito do trabalho tal regra funciona, salvo excepções pontuais legalmente impostas. O assunto pode, porém, ser mais esclarecido com recurso à ideia de cessação da previsão normativa como via para a aplicação imediata do instrumento novo.

II. A norma jurídica depende, para se aplicar, da verificação de certos factos nela própria previstos: da previsão normativa.

Ora os efeitos produzidos pelo instrumento velho cessarão quando o instrumento novo venha pôr cobro ou alterar a previsão de factos em que eles assentavam. Por exemplo: o subsídio por trabalho nocturno previsto pelo IRC velho deixa de ser devido quando o IRC novo proíba o trabalho nocturno, os subsídios de turnos do IRC velho mudam em consonância com nova distribuição de turnos pelo IRC novo, etc..

III. Os direitos dinâmicos derivam de uma particular técnica linguística, especialmente divulgada em sectores sensíveis como o Direito do trabalho e que consiste em apresentar como "direitos" já subjectivizados ou consolidados figuras que, na realidade, são meras expectativas, dependentes de ulteriores concretizações e, *minime*, da manutenção em vigor das fontes que as legitimem.

O "direito dinâmico" deixará, pois, de produzir os seus frutos sempre que seja suprimida a fonte – o IRC – em que ele se apoiava. Por exemplo, uma cláusula de progressão salarial atribui o direito às parcelas já alcançadas e integradas na retribuição; mas apenas dá uma expectativa, a progressões futuras. A substituição dum IRC que contivesse tais progressões por outra que o não faça leva ao seguinte: as progressões já vencidas regem-se pelo IRC velho; as outras, caiem no novo, não chegando, pois, a concretizar-se.

III. O termo de vigência dos IRCs

7. *A cessação dos IRCs*

I. Procurando completar o plano de pesquisa traçado cabe, agora, verificar a matéria atinente à cessação dos IRCs.

Os IRCs são fontes de Direito do trabalho: eles permitem a revelação de normas jurídicas. Assim, apesar da sua origem convencional, *eles operam como leis em sentido material*, o que é importante para efeitos de incorporação nos contratos ou, como foi visto, para efeitos de aplicação no tempo.

A sua natureza convencional assegura-lhes, porém, múltiplas especificidades, para que se chama a atenção.

II. A *lei*, uma vez aprovada e publicada, fica em vigor até ser substituída por outra lei; só assim não será quando a própria lei em causa se destinar a ter vigência temporária, nos termos do artigo 7.º do Código Civil.

Pelo contrário, as convenções colectivas ou, mais genericamente, os IRCs têm um *horizonte temporal limitado*.

Colocados num elo de ligação normativa – o trabalho e as empresas – os IRC são essencialmente dinâmicos, destinando-se a vigorar dentro dum cenário temporalmente definido.

O horizonte temporal dos IRCs fica, em princípio, *na disponibilidade dos parceiros laborais colectivos*. O artigo 11.º/1 da LRCT determina, na verdade:

> As convenções colectivas e as decisões arbitrais vigoram pelo prazo que delas constar expressamente.

Por razões de certeza e marcando bem o primado da autonomia, a limitação temporal deve ser actuada através da denúncia referida no artigo 16.º/2 da LRCT.

Apenas por compreensíveis razões de normalização e ordem pública social, o artigo 11.º/2 da mesma LRCT determina que tal prazo não possa ser inferior a dois anos, enquanto o n.º 3 aceita, contudo, revisões anuais das tabelas salariais.

III. É importante sublinhar que a limitação temporal dos IRCs é algo de essencial, que *marca todas as suas cláusulas*. Na verdade, enquanto contratam e no momento em que se vinculam, as partes sabem estar a fazê-lo apenas por um período limitado. A assim não ser, elas bem poderiam não aceitar a convenção em causa.

Trata-se, pois, de um *aspecto estrutural*: os limites temporais adoptados pelas partes são tão importantes como as mais diversas cláusulas em jogo; o seu desrespeito seria um atentado grave à autonomia laboral colectiva.

8. *As soluções legais supletivas*

I. A aproximação do termo fixado do IRC leva à necessidade de negociar novo instrumento. Já ligadas pelo dever de boa fé, presente em toda a Ordem Jurídica e aqui especialmente recordado pelo artigo 22.º da LRCT[19], as partes laborais colectivas devem, então, desenvolver o melhor dos seus esforços para concluir novo IRC.

---

[19] Cf. MENEZES CORDEIRO, *Manual de Direito do Trabalho* cit., 269 ss..

No entanto, pode acontecer que, com violação do dever de negociar ou mesmo sem isso, mas por razões que se prendam com a própria complexidade das negociações necessárias, se chegue ao termo de um IRC sem que exista já outro para o substituir.

A lei prevê, então, soluções supletivas, ainda que transitórias, para evitar um absoluto vazio normativo.

II. A solução supletiva essencial consta do artigo 11.º/5 da LRCT:

> A convenção colectiva ou a decisão arbitral mantêm-se em vigor até serem substituídas por outro instrumento de regulamentação colectiva.

Há, pois, uma pós-eficácia imposta por lei, para evitar um vácuo absoluto[20]. Tal pós-eficácia *não pode, no entanto, ter a virtualidade de manter plenamente em vida um IRC que foi pensado e aceite pelas partes com um horizonte limitado*: de outro modo não haveria periodicidade nos IRCs, já que qualquer parte interessada em contornar uma denúncia mais não teria do que prolongar indefinidamente as negociações.

O IRC pós-eficaz funciona, pois, na precisa medida da teleologia do artigo 11.º/5 da LRCT: a de manter uma cobertura normativa mínima. Caso a caso será preciso verificar quais as cláusulas atingidas por este enfraquecimento. Mas em geral, pode adiantar-se que, por definição, *caducam todas as cláusulas que postulem uma vigência superior à registada efectivamente*.

Assim, a cláusula que preveja, ao fim de três anos, certo efeito jurídico, não funciona quando, antes desse prazo, o IRC que a continha deixe de vigorar, ficando apenas pós-eficaz.

Se a situação se mantiver e prolongar, pode haver lugar à emissão duma PRT, nos termos do artigo 36.º da LRCT.

III. A pós-eficácia de um IRC cessa logo que se torne aplicável outro IRC. Desaparece, então, a razão de ser da pós-eficácia.

A aplicabilidade de um novo IRC pode resultar de algum dos seguintes três factores:

— as partes chegam a acordo e celebram um novo IRC;

---

[20] Quanto à figura da pós-eficácia em geral cf. os elementos coligidos em MENEZES CORDEIRO, *Da pós-eficácia das obrigações*, Direito e Justiça, II (1981/86), 109-160.

– os sujeitos laborais filiam-se em parceiros colectivos de tal modo que resulte, daí, a aplicação de outro IRC, nos termos do artigo 8.º da LRCT;
– verificam-se as condições legais do bloqueio e a Administração intervém com uma PRT.

As duas primeiras soluções são normais, traduzindo apenas o funcionamento da autonomia colectiva. A terceira deve ser tomada como um remédio de último recurso.

*Em torno de um equívoco na interpretação
e aplicação das convenções colectivas de trabalho:
o exemplo das cláusulas sobre pensões
do Acordo Colectivo de Trabalho do sector bancário* ***

PROF.ª DOUTORA MARIA DO ROSÁRIO PALMA RAMALHO

I. O presente estudo foi-nos sugerido na leitura da jurisprudência, pela verificação da inflexão de orientação dominante no que toca à aplicação das cláusulas 137ª e 140ª do Acordo Colectivo de Trabalho do sector bancário, relativamente a uma categoria de situações: as pretensões de acesso à pensão de reforma por velhice daqueles trabalhadores que, tendo prestado serviço no sector bancário, dele saíram entretanto, vindo a atingir a idade da reforma noutro sector de actividade.

Esta questão insere-se, contudo, num problema mais geral: o problema dos critérios de interpretação e aplicação das convenções colectivas de trabalho, enquanto fontes específicas de direito do trabalho e da conjugação da especificidade destas fontes com as regras gerais de aplicação da lei no tempo. É pois na

---

* O presente estudo destina-se aos Estudos em Homenagem ao Professor Doutor Marcello Caetano.
** São as seguintes as principais abreviaturas utilizadas: Ac. = Acórdão, ACT = Acordo Colectivo de Trabalho, AD = Acórdãos Doutrinais, BTE = Boletim do Trabalho e do Emprego, CC = Código Civil, CJ = Colectânea de Jurisprudência, CJ (STJ) = Colectânea de Jurisprudência (Acórdãos do Supremo Tribunal de Justiça), CRP = Constituição da República Portuguesa, CT = Código do Trabalho, Dir. = Revista O Direito, LRCT = Regime Jurídico das Relações Colectivas de Trabalho, LS = Lei Sindical, RDES = Revista de Direito e Estudos Sociais, RLx = Tribunal da Relação de Lisboa, ROA = Revista da Ordem dos Advogados, STJ = Supremo Tribunal de Justiça.

perspectiva de contribuir para a construção dogmática deste problema geral que apreciaremos a questão particular das pensões no âmbito da actividade bancária.

II. Para um adequado posicionamento do problema, cabe ter em conta o conteúdo destas cláusulas do ACT, com um particular enfoque para a evolução do tratamento da matéria das pensões nas diversas versões deste instrumento de regulamentação colectiva do trabalho. Umas brevíssimas notas são suficientes para equacionar o problema sobre o qual impendem as nossas reflexões.

A base do problema sobre o qual reflectimos foi o reconhecimento do sector da banca como um sector de actividade sujeito a um regime de previdência social diferenciado do regime geral, incluindo-se neste regime a matéria das pensões.

Na sequência deste reconhecimento – e após um largo período de indefinição prática do modo de cumprimento daquele desígnio, no que se refere à matéria das pensões, que se observa na evolução da contratação colectiva no sector bancário[1] – foi inserida no contrato colectivo do sector bancário a cláusula que agora corresponde à cláusula 137.ª (tratava-se, na primeira versão desta cláusula, que remonta à revisão do contrato colectivo de 1964, da cláusula 60.ª). Esta cláusula, que se manteve, com algumas alterações e durante anos, como a única disposição do contrato colectivo nesta matéria, garantia o direito de acesso à pensão de reforma no âmbito do subsistema de segurança social dos trabalhadores bancários, uma vez atingida a idade correspondente à situação de «invalidez presumível», que era relevante como condição de acesso à pensão[2].

No âmbito desta cláusula foi discutido se o direito à pensão de reforma abrangia apenas os trabalhadores que viessem a preencher a condição de idade no exercício de funções no sector bancário ou também aqueles trabalhadores que apenas durante parte da sua carreira tivessem prestado serviço no sector

---

[1] Para uma apresentação mais desenvolvida da evolução da negociação colectiva no sector bancário, com enfoque na questão da segurança social, MENEZES CORDEIRO, *Convenções colectivas de trabalho e direito transitório: com exemplo no regime da reforma no sector bancário*, ROA, 2003, I/II, 62-93 (65 ss.) e publicado neste Caderno, com pequenas alterações, a p. 15-36.

[2] É o seguinte o texto actual desta cláusula, cuja redacção originária remonta ao contrato colectivo de trabalho do sector, de 1964:

1. No caso de doença ou invalidez, ou quando tenham atingido 55 anos de idade (invalidez presumível) os trabalhadores em tempo completo têm direito:

a) Às mensalidades que lhes competirem, de harmonia com a aplicação das percentagens do Anexo V, aos valores fixados no Anexo VI;
(…)

bancário, nele já não se encontrando quando atingissem a idade da reforma. No primeiro caso, a pensão decorrente do subsistema de segurança social do sector bancário funcionaria como uma pensão substitutiva da pensão de reforma do sistema geral de segurança social; no segundo caso, corresponderia a uma pensão complementar da pensão auferida pelo trabalhador no âmbito do sistema geral de segurança social, devendo ser calculada proporcionalmente ao tempo de serviço prestado no sector bancário.

Na revisão do ACT ocorrida em 1982[3], foi introduzida uma nova cláusula (a cláusula 141ª que corresponde à actual cláusula 140ª) sobre o regime de pensões daqueles trabalhadores que, tendo prestado a sua actividade no sector bancário, dele se desvincularam entretanto, vindo a atingir a idade da reforma (ou, na expressão da cláusula 137ª, a situação de invalidez presumível) noutro sector de actividade.

Para estes trabalhadores, a referida cláusula previa uma pensão complementar de reforma relativa aos anos de trabalho no sector bancário, mas estabelecia uma condição material de acesso a essa pensão que não existia no regime previsto na cláusula 137ª[4]. Na sua versão originária, esta cláusula do ACT distin-

---

[3] Já no âmbito da actual ordem jurídico-constitucional, a primeira convenção colectiva de trabalho do sector bancário remonta a 1978 (BTE, 1978, 18, 1146). Tratando-se de uma convenção colectiva de trabalho directamente celebrada pelas instituições de crédito e parabancárias corresponde tecnicamente a um acordo colectivo de trabalho e auto-denomina-se de vertical. Por isso, a referiremos, de uma forma abreviada como ACT. A revisão de 1982 foi a terceira revisão daquele ACT.

[4] É o seguinte o texto actual da cláusula 140ª do ACT, cuja primeira versão remonta à revisão do instrumento colectivo de 1982:

1. O trabalhador de Instituição de Crédito, Sociedade Financeira ou das antes designadas Instituições Parabancárias não inscrito em qualquer regime de segurança social e que, por qualquer razão deixe de estar abrangido pelo regime de segurança social garantido pelo presente Acordo, terá direito, quando for colocado na situação de reforma por invalidez ou invalidez presumível, ao pagamento, pelas referidas Instituições e na proporção do tempo em que lhes tenha prestado serviço, de uma importância calculada no termos do n.º 2 desta Cláusula.

2. Para efeitos do cálculo da mensalidade prevista no n.º 1 desta Cláusula, a parte da pensão de reforma a pagar por cada Instituição, correspondente ao tempo de serviço nela prestado, será calculada com base na retribuição do nível em que o trabalhador se encontrava à data da saída do sector bancário, actualizada segundo as regras do presente ACTV, tomando-se em consideração a taxa de formação da pensão do Regime Geral da Segurança Social.

Na versão do ACT de 1982, esta cláusula (ao tempo correspondendo à cláusula 141ª) dispunha, no seu n.º 3, no seguinte sentido:

(…) o trabalhador que abandonar o sector bancário por razões que não sejam da sua iniciativa,

guia também, para efeitos do acesso à pensão complementar, entre os motivos de cessação do contrato de trabalho e estabelecia ainda uma condição temporal para a respectiva aplicação, limitando essa aplicação aos trabalhadores cujos contratos de trabalho com entidades do sector viessem a cessar após a entrada em vigor do ACT revisto, i.e., após 1982[5]. Contudo, esta limitação temporal, bem como a limitação relativa ao motivo da cessação do contrato, foram suprimidas em revisão subsequente do instrumento de regulamentação colectiva do trabalho.

III. Com a evolução descrita, estabilizou-se o sistema relativo aos direitos dos trabalhadores bancários no que toca às pensões de reforma garantidas pelas instituições de crédito, que se mantém até a actualidade.

Em síntese, este sistema assenta em dois modelos: o modelo da cláusula 137ª do ACT, aplicável aos trabalhadores que terminam a sua carreira no sector bancário e cuja pensão, assegurada pela respectiva instituição de crédito, funciona como pensão substitutiva da pensão do regime geral de segurança social; e o modelo da cláusula 140ª, destinada a regular a situação dos trabalhadores que cessaram os respectivos contratos de trabalho com a instituição de crédito antes de atingirem a idade da reforma, mas aos quais se reconhece o direito a uma pensão pelo subsistema de segurança social do sector bancário (embora sujeita a uma condição material) pelo valor correspondente ao tempo de actividade naquele sector, pensão esta que tem a natureza de pensão complementar à pensão garantida pelo regime geral de segurança social.

IV. Este sistema dual, que, como se viu, tem origem em momentos historicamente distintos e foi sendo afinado nas sucessivas revisões do instrumento de regulamentação colectiva do trabalho – demonstrando, aliás, a proverbial capacidade que assiste à negociação colectiva de corresponder aos interesses laborais em jogo – colocou uma questão prática na sua aplicação: a questão de saber se o regime da cláusula 140ª se aplicava a todas as situações em que se configurasse o direito a uma pensão complementar ou apenas às situações em

---

nomeadamente o despedimento, terá direito, quando for colocado na situação de reforma ou de invalidez presumível ao pagamento, pela respectiva Instituição de Crédito, da importância necessária para complementar a sua pensão de reforma, até ao montante que lhe corresponderia se o tempo de serviço prestado no sector bancário fosse considerado como tempo de inscrição no regime geral da segurança social (...).

[5] N.ºs 3, 4, e 6 da cláusula 141.º, na versão originária.

que tal pretensão surgisse apenas depois da entrada em vigor da revisão do ACT que estabeleceu a referida cláusula.

É esta questão que está na base da inflexão da tendência da jurisprudência, na interpretação e aplicação que veio a fazer das cláusulas 137ª e 140ª do ACT, a partir de certo momento.

Com efeito, antes do surgimento da cláusula 140ª, embora estivesse arreigada em alguns círculos a ideia de que os trabalhadores que não terminassem a sua carreira no sector bancário não tinham direito a pensão de reforma por via do respectivo subsistema de segurança social, o entendimento dominante da jurisprudência ia no sentido de admitir que os direitos de acesso à pensão de reforma, estabelecidos pela cláusula 137ª do ACT, se estendiam não apenas aos trabalhadores que terminavam a sua carreira profissional no sector bancário, mas também àqueles cujo contrato de trabalho com uma entidade deste sector tivesse cessado antes de atingida a idade de invalidez presumível[6], devendo, neste caso, a pensão ser proporcional aos anos de actividade laboral no sector e ser calculada com base na última categoria ou no nível que o trabalhador ocupou na instituição de crédito.

Esta solução, que se pode confrontar em vários Acórdãos[7], era a mais correcta e estribava-se em argumentos poderosos.

Desde logo, abonava em favor desta solução um argumento literal, decorrente do facto de o texto da cláusula 137ª não limitar a sua aplicação aos trabalhadores que atingiam a idade da reforma no sector bancário.

Por outro lado, depunha em favor deste entendimento um argumento de justiça material: é que, sendo a cláusula 137ª, ao tempo, a única disposição do ACT em matéria de pensões e sendo o regime das pensões do sector bancário substitutivo do regime geral das pensões (razão pela qual não era facultada a inscrição do trabalhador do sector bancário no regime geral da segurança

---

[6] Inicialmente, a jurisprudência tratava de modo diferente, para este efeito, as causas de cessação do contrato de trabalho, exceptuando do direito de acesso a estas pensões os trabalhadores que tivessem sido despedidos com justa causa, em consonância com a primeira redacção da cláusula 140ª (ao tempo, cláusula 141ª). Contudo, a partir de certa época, mesmo esta excepção deixou de ser considerada, não só em resultado da alteração da referida cláusula, mas com base no argumento substancial de que os direitos relativos à pensão são independentes da forma de cessação do contrato. Neste sentido, por paradigmático na argumentação, vd o Ac. RLx. de 1/10/2001 (inédito – Rec. n.º 5749/01).

[7] Entre outros, neste sentido, o Ac. RLx. de 22/03/2000, CJ, 2000, II, 166, e o Ac. RLx. de 1/10/2001 (inédito – Rec. n.º 5749/01).

social), a não extensão dos direitos conferidos por esta cláusula aos trabalhadores cujo vínculo ao sector tivesse cessado antes de atingida a idade da invalidez presumida significaria, na realidade, uma denegação do direito destes trabalhador à pensão em moldes não justificados – assim, por exemplo um trabalhador que aos 60 anos visse cessado o respectivo contrato de trabalho após trinta anos de serviço no sector bancário, não teria direito à pensão, porque ainda não atingira a idade da invalidez presumida, sendo certo que durante toda a sua longa carreira contributiva não poderia ter-se integrado no sistema geral de segurança social, que teria constituído a única outra forma possível de garantir a sua protecção social na velhice.

De outra parte, concorria para esta solução um argumento decorrente do princípio geral da boa fé e, concretamente, do instituto do enriquecimento sem causa. É que uma interpretação da cláusula 137ª do ACT que afastasse esta categoria de trabalhadores do respectivo âmbito de aplicação redundaria no enriquecimento sem causa das instituições de crédito para as quais eles tinham prestado serviço, já que estas instituições poderiam fazer seu o valor correspondente às pensões destes trabalhadores, que, supostamente, ao longo da execução dos respectivos contratos de trabalho, teriam destinado ao fundo constituído para assegurar esta eventualidade, no final da carreira dos referidos trabalhadores.

A partir de certo momento, depuseram ainda a favor de uma interpretação ampla da cláusula 137ª, dois argumentos constitucionais. É que, apesar desta cláusula ter sido introduzida no ACT em 1973, logo, ao abrigo da anterior ordem constitucional, ela manteve-se já no âmbito da Constituição de 1976, o que obriga à sua leitura em conformidade com os valores da Lei Fundamental[8]. Ora, neste contexto, a interpretação da referida cláusula no sentido de não abranger os trabalhadores que não atingissem a idade da invalidez presumível no sector bancário contraria directamente duas normas constitucionais: o artigo 63.º, n.º 1, que garante a todos o direito à segurança social (norma esta que não pode deixar de abranger o direito à pensão de reforma); e o artigo 63.º, n.º 4, que impõe que todo o tempo de trabalho deve ser tido em conta para o cálculo das pensões de velhice e de invalidez, independentemente do sector de actividade em que tenha sido prestado[9].

---

[8] Sobre a necessária conformidade das fontes laborais com os valores constitucionais, ROSÁRIO PALMA RAMALHO, *Direito do Trabalho I – Dogmática Geral,* Coimbra, 2005, 151.

[9] Para um confronto deste argumento constitucional, por exemplo, o referido Ac. RLx. de 1/10/2001 (inédito – Rec. n.º 5749/01).

Fica assim cabalmente justificada a interpretação ampla da cláusula 137ª, que foi preconizada pela jurisprudência dominante até há alguns anos.

V. Este entendimento da jurisprudência continuou a ser sufragado, ainda depois da alteração do ACT ocorrida em 1982 (com a introdução da cláusula 140ª, nos termos indicados), durante algum tempo. Contudo, nos últimos anos e a partir da jurisprudência do Supremo Tribunal de Justiça, vem-se observando uma inflexão desta tendência na interpretação das cláusulas 137ª e 140ª do instrumento de regulamentação colectiva[10].

Compreensivelmente, na determinação da norma aplicável às pretensões de acesso à pensão de velhice formuladas por trabalhadores que não preenchem a condição de idade no sector bancário, os Tribunais tendem a aplicar a cláusula 140ª, por estar em causa uma pensão complementar de reforma e não uma pensão substitutiva da pensão do regime geral. E, se bem que, num primeiro período, a aplicação da cláusula 140ª a estas situações tenha sido circunscrita aos trabalhadores cujos contratos no sector bancário cessaram depois da entrada em vigor desta revisão do ACT (nos termos da primeira redacção da referida cláusula 140ª), a partir do momento em que a condição temporal prevista na referida cláusula foi retirada do instrumento de regulamentação colectiva, a jurisprudência passou a aplicá-la a todas as situações de pensão complementar, independentemente do momento da cessação do contrato de trabalho dos trabalhadores requerentes. Numa palavra, os tribunais vêm aplicando esta cláusula também a trabalhadores cuja actividade no sector bancário cessou antes de 1982.

O fundamento desta nova orientação dos Tribunais, no que toca a esta segunda categoria de trabalhadores – orientação esta que, pelo menos desde o ano 2001 tem sido dominante na jurisprudência de apelação – não é absolutamente claro e suscita alguma perplexidade.

---

[10] Para ilustração desta nova orientação jurisprudencial, podem ver-se, entre muitos outros, o Ac. STJ de 11/01/2001 (Rec. n.º 2840/00), www.dgsi.pt/jstj.nsf, o Ac. STJ de 17/01/2001 (Rec. n.º 821/00), www.dgsi.pt/jstj.nsf, o Ac. STJ de 8/02/2001 (Rec. n.º 1092/00), www.dgsi.pt/jstj.nsf, o Ac. STJ de 14/02/2001, CJ (STJ), 2001, I, 292, o Ac. STJ de 29/11/2001, CJ (STJ), 2001, III, 283, o Ac. STJ de 30/01/2002 (Rec. n.º 198/01), www.dgsi.pt/jstj.nsf, e o Ac. STJ de 6/02/2002, AD, 2002, 488-489, 1218. Desde então, a jurisprudência tem seguido esta orientação, independentemente do momento da cessação dos contratos de trabalho (no sector bancário) dos trabalhadores abrangidos – neste sentido, e a título exemplificativo, Ac. STJ de 21/06/2003 (Rec. n.º 11911/01), www.dgsi.pt/jstj.nsf, o Ac. STJ de 20/01/2004 /Rec. n.º 7930/02), www.dgsi.pt/jstj.nsf, o Ac. STJ de 2/12/2004 (Rec. n.º 10624/03), www.dgsi.pt/jstj.nsf.

Os Acórdãos sobre a matéria esgrimem diversos argumentos em favor da aplicação ampla da cláusula 140ª do ACT e a questão tem sido também objecto de debate na doutrina. Apesar do peso destes argumentos não ser sempre o mesmo, no seu conjunto eles podem condensar-se nas seguintes ideias fundamentais: a interpretação dos instrumentos de regulamentação colectiva do trabalho deve seguir as regras da interpretação da lei, sendo que, no caso, é a aplicação da cláusula 140ª que corresponde aos critérios de maior objectividade interpretativa, uma vez que o regime da cláusula 137ª está vocacionado para pensões substitutivas da pensão do regime geral e é a cláusula 140ª que disciplina as pensões complementares; a aplicação da cláusula 140ª aos trabalhadores cujos contratos de trabalho no sector bancário cessaram antes de atingida a idade da reforma não constitui aplicação retroactiva da lei, porque o direito à pensão é uma situação jurídica de desenvolvimento lento que só se consolida com o preenchimento da condição de idade; ou, em alternativa, a aplicação desta cláusula a estas situações corresponde, efectivamente, a um caso de retroactividade da lei, mas esta aplicação retroactiva justifica-se por razões ponderosas.

Ponto comum a todos os arestos é ainda o reconhecimento do direito destes trabalhadores à pensão de reforma, seja preconizando uma leitura do instrumento de regulamentação colectiva do trabalho conforme à Constituição, seja invocando o absurdo e a injustiça material da solução oposta.

VI. Estas linhas de argumentação merecem algumas reflexões.

No que se refere aos critérios de interpretação das convenções colectivas de trabalho, sempre considerámos adequado sujeitar estes instrumentos normativos às regras gerais de interpretação da lei (artigo 9.º do CC)[11].

Com efeito, apesar da dupla natureza que revestem as convenções colectivas de trabalho, com uma parcela negocial e uma parcela normativa – que os torna, na feliz expressão de Carnelutti, um instrumento *sui generis* com «*il corpo del contrato e l'anima della legge*»[12] – impõe-se que a respectiva interpretação siga regras unitárias. Ora, sendo o conteúdo normativo destes instrumentos a sua

---

[11] ROSÁRIO PALMA RAMALHO, *Direito do Trabalho I – Dogmática Geral cit.*, 269 ss.
[12] F. CARNELUTTI, *Teoria del regolamento colletivo dei rapporti di lavoro*, Padova, 1930, 116 e s. Esta ideia é retomada pela doutrina italiana e germânica nas décadas seguintes, para pôr em evidência a singularidade das convenções colectivas de trabalho, enquanto fontes do Direito. Para mais desenvolvimentos sobre este ponto, ROSÁRIO PALMA RAMALHO, *Da Autonomia Dogmática do Direito do Trabalho*, Coimbra, 2001, 799 ss. e *passim*.

parcela mais significativa (no sentido em que, mais do que reger as relações entre as associações sindicais e as associações patronais ou os empregadores outorgantes, eles visam regular os contratos de trabalho que se celebrem ou estejam em execução no respectivo âmbito de incidência), a respectiva interpretação deve seguir globalmente as regras de interpretação da lei, com as vantagens inerentes do ponto de vista da objectividade e da segurança jurídica, que não carecem de maior demonstração[13].

Contudo, a sujeição das convenções colectivas de trabalho às regras gerais de interpretação da lei não afasta a necessidade de ter em conta as suas especificidades, ainda enquanto instrumentos normativos.

Ora, uma dessas especificidades – e a mais relevante para efeitos do problema que nos ocupa – tem a ver com a determinação do âmbito de aplicação pessoal e temporal das convenções colectivas. É que, não obstante a convenção colectiva de trabalho ter um conteúdo normativo e de as suas cláusulas comungarem do carácter geral e abstracto que é típico das normas jurídicas, a determinação dos sujeitos abrangidos pelas suas disposições depende de um nexo pessoal e temporal específico – e especificamente laboral! – entre a convenção, os respectivos outorgantes (as associações sindicais e as associações de empregadores ou os próprios empregadores, quando outorgam directamente a convenção) e os empregadores e trabalhadores destinatários dessa convenção.

Regra geral, este nexo pessoal é determinado através do denominado *princípio da filiação*. Actualmente enunciado no artigo 522.º do CT (que corresponde ao artigo 7.º da LRCT, em vigor ao tempo da produção de jurisprudência no sentido indicado e do debate desta questão na doutrina), este princípio estabelece que apenas são abrangidos pelo instrumento de regulamentação colectiva os empregadores e os trabalhadores que sejam membros, respectivamente, das associações sindicais e patronais outorgantes da convenção, sendo certo que para tal filiação é necessário que o trabalhador (ou o empregador) desenvolva a sua actividade na área de intervenção daquelas associações (artigo 479.º, n.º 1, do CT, correspondente, no âmbito do regime anterior ao

---

[13] Também no sentido da sujeição da interpretação das convenções colectivas de trabalho às regras gerais de interpretação da lei, A. MENEZES CORDEIRO, *Manual de Direito do Trabalho*, Coimbra, 1991, 307, e J. BARROS MOURA, *A Convenção Colectiva entre as Fontes de Direito do Trabalho*, Coimbra, 1984, 157; mas contra, advogando uma interpretação dualista das convenções colectivas de trabalho, que siga as regras do artigo 236.º do CC para a parcela negocial destes instrumentos e as regras do artigo 9.º do CC para a parcela normativa, ROMANO MARTINEZ, *Direito do Trabalho*, 2ª ed., Coimbra, 2005, 212.

Código do Trabalho, ao artigo 16.º da LS). Subsidiariamente, o nexo pessoal que determina a incidência subjectiva da convenção colectiva de trabalho é estabelecido através de regulamento administrativo (o actualmente designado *regulamento de extensão*, previsto no artigo 573.º do CT[14]), que confere eficácia geral a uma convenção colectiva de trabalho através da respectiva extensão aos trabalhadores do mesmo sector de actividade, que não sejam membros da associação sindical outorgante da convenção.

Conclui-se do exposto que constituem critérios essenciais para a determinação do âmbito pessoal de incidência dos instrumentos de regulamentação colectiva do trabalho os seguintes critérios cumulativos: o trabalhador abrangido deve integrar a área profissional ou de actividade a que se reporta o instrumento de regulamentação colectiva do trabalho; o trabalhador deve ser membro da associação sindical que outorgou o instrumento de regulamentação colectiva do trabalho, a não ser que este instrumento tenha sido objecto de extensão por regulamento administrativo, mas tendo-se em conta que tal extensão se contém obrigatoriamente na mesma ou em idêntica área de actividade ou profissional.

Perante estes elementos, cabe avaliar as respectivas implicações na tarefa de interpretação e a aplicação das convenções colectivas de trabalho.

Ora, com a devida vénia pela interpretação dominante na jurisprudência sobre o problema em análise, crê-se que, na sua assimilação dos instrumentos de regulamentação colectiva do trabalho à lei, para efeitos da sua interpretação e aplicação, a jurisprudência não ponderou as especificidades destes instrumentos, acima indicadas, uma vez que tem preconizado a aplicação da cláusula 140ª do ACT do sector bancário a trabalhadores que, no momento da introdução daquela cláusula no instrumento colectivo (ou seja, em 1982) não podiam estar abrangidos por esse instrumento, já que os seus contratos de trabalho no sector bancário tinham cessado anteriormente[15].

Por outras palavras, no momento em que surge a cláusula 140ª, os trabalhadores, cujo vínculo laboral ao sector bancário já tenha cessado, não preen-

---

[14] Esta norma correspondia, na LRCT, à impropriamente designada "portaria de extensão", prevista no artigo 27.º e regulada no artigo 29.º.

[15] Também apresentando este argumento, em apreciação da questão em análise, L. GONÇALVES DA SILVA, *Breves reflexões sobre a convenção colectiva aplicável à pensão de reforma no sector bancário*, RDES, 2004, 1/2/3, 231-277 (265 ss.). Este autor conclui, contudo, no sentido inverso ao que propomos, com base no argumento da natureza não consolidada do direito do trabalhador à pensão, no momento em que sai do sector bancário (*idem*, 272 s.).

chem nenhum dos requisitos laborais para que o instrumento de regulamentação colectiva do trabalho (nesta versão revista) lhes possa ser aplicado: eles não pertencem às associações sindicais do sector, pelo que não podem ser abrangidos pela convenção colectiva de trabalho ao abrigo do princípio da filiação, mas, mais do que isso, já não pertencem ao sector bancário, o que teria sido condição para que beneficiassem da convenção ao abrigo de um regulamento de extensão.

Assim sendo, teremos que concluir que a solução preconizada pela jurisprudência de aplicação da cláusula 140ª do ACT aos trabalhadores que se desvincularam do sector bancário antes da entrada em vigor da revisão do ACT que introduziu tal cláusula, conflitua com o princípio fundamental do direito do trabalho que é o princípio da autonomia colectiva (na sua projecção da filiação sindical) e com as regras fundamentais em matéria de âmbito pessoal dos instrumentos de regulamentação colectiva do trabalho acima descritas.

Do ponto de vista laboral, esta solução é, pois, dogmaticamente inconsistente.

VII. Um argumento que pode contrariar este entendimento – e que foi desenvolvido por alguns dos Acórdãos apreciados e também por um sector da doutrina, na apreciação deste problema, para alicerçar a aplicação da cláusula 140ª a estas situações – é um argumento baseado na natureza jurídica das pretensões desta categoria de trabalhadores à pensão de reforma.

Nesta linha, entendem alguns sectores que os direitos dos trabalhadores relativos à sua pensão de reforma são direitos de formação lenta, cujo processo constitutivo só termina quando o trabalhador atinge a idade correspondente à situação de invalidez presumida (para utilizar a expressão da cláusula 137ª do ACT), pelo que, até que a condição de idade seja atingida, a situação jurídica do trabalhador deve ser tratada como uma simples expectativa jurídica[16]. Assim sendo, uma vez que o direito à pensão apenas surge com o atingir da idade da reforma, deve aplicar-se o instrumento de regulamentação colectiva do trabalho em vigor ao tempo em que esta condição de idade se preencha.

---

[16] Referindo este argumento, BERNARDO XAVIER/FURTADO MARTINS/NUNES DE CARVALHO, *Pensões complementares de reforma – inconstitucionalidade da versão originária do artigo 6ª n.º 1 e) da LRC*, RDES, 1997, 1/2/3, 133-184 (155), bem como L. GONÇALVES DA SILVA, *Breves reflexões sobre a convenção colectiva aplicável à pensão de reforma no sector bancário cit.*, 272 s. Este último autor não procede, todavia, à distinção, que se imporia, entre uma expectativa jurídica e um direito subjectivo sob condição.

Este entendimento tem na sua base um pressuposto geral e um pressuposto laboral.

O pressuposto geral é o da distinção entre direitos subjectivos e expectativas jurídicas como critério válido para a determinação da lei aplicável em caso de conexão da situação a regular com duas normas, que se sucedem no tempo – trata-se, obviamente, de um entendimento que convoca o artigo 12.º do CC e os diversos critérios utilizados para justificar o âmbito de aplicação da lei nova a factos pretéritos ou a situações jurídicas constituídas ao abrigo da lei anterior[17].

Mas, estando em causa a aplicação de um instrumento de regulamentação colectiva do trabalho, este entendimento tem também um pressuposto laboral. Este pressuposto reside em conceber um vínculo de segurança social do trabalhador bancário com a respectiva instituição de crédito sem qualquer ligação com o seu vínculo laboral, o que permitiria estender o princípio da filiação para além da cessação do contrato de trabalho, embora apenas para efeitos da protecção social do trabalhador. Aceite este pressuposto, o instrumento de regulamentação colectiva do trabalho poderia aplicar-se a um ex-trabalhador bancário até ao momento em que se consolidassem os seus direitos relativos à pensão de reforma por via daquele mesmo princípio.

Apresentado o argumento, cabe apreciar.

No que se refere ao pressuposto laboral, é de reconhecer que, a par do vínculo laboral, os trabalhadores bancários estabelecem, efectivamente, com as respectivas instituições de crédito, outros vínculos. Um desses vínculos é um vínculo de segurança social (de natureza privada), e tal vínculo tem incidência, entre outros aspectos, em matéria de pensões, uma vez que são estas instituições as responsáveis pelo pagamento das respectivas prestações. De outra parte, é certo que, uma vez obtida a reforma, este vínculo se mantém quando o vínculo laboral já cessou e enquanto a pensão for devida.

Contudo, no que toca especificamente à *constituição do direito do trabalhador à pensão* (e não aos direitos relativos ao pagamento da mesma), não subscrevemos a independência deste direito relativamente ao vínculo laboral, porque o direito à pensão surge exactamente por força do contrato de trabalho e por causa desse contrato. Assim, o nexo de filiação que é exigido para a aplicação do instrumento de regulamentação colectiva do trabalho ao trabalhador tem,

---

[17] Em geral sobre a distinção entre direitos subjectivos e expectativas e entre factos jurídicos e situações jurídicas, enquanto critérios de determinação da lei aplicável no âmbito do artigo 12.º do CC, e exactamente com enfoque no problema que estamos a apreciar, MENEZES CORDEIRO, *Convenções colectivas de trabalho e direito transitório... cit.*, 83 s.

forçosamente, que se reportar ao tempo de vigência do respectivo contrato de trabalho.

Por outro lado, no que tange ao pressuposto geral deste entendimento – a *vexata quaestio* da distinção entre direitos subjectivos e expectativas jurídicas como critério de resolução de um conflito de leis no tempo – também não sufragamos a qualificação da situação jurídica do trabalhador relativamente à pensão de reforma como uma mera expectativa ou um direito em formação até que o trabalhador preencha o requisito da idade, porque tal entendimento nos parece incompatível com a própria essência de uma pensão complementar. Efectivamente, destinando-se a pensão complementar a assegurar a protecção social do trabalhador *pelo tempo correspondente àquele em que o trabalhador prestou a sua actividade no sector bancário*, o direito a esta pensão consolida-se, de pleno, no momento em que o trabalhador, por força da cessação do seu contrato de trabalho, deixa o sector bancário, uma vez que é por referência a este momento que se fixam os elementos substanciais necessários ao surgimento daquele mesmo direito – designadamente, é com a cessação do contrato que fica determinado o número de anos em que o trabalhador exerceu a sua actividade naquela área de actividade e que se fixa o nível hierárquico que atingiu na instituição de crédito, elementos necessários para o futuro cálculo da pensão, assim como é em atenção a esse momento que se definem os deveres da instituição relativamente ao provimento do respectivo Fundo de Pensões para garantia da futura pensão de reforma desse trabalhador[18]. Tanto basta para o surgimento do direito à pensão.

Poderá argumentar-se, contra esta posição, que o direito do trabalhador a *auferir efectivamente* a pensão apenas surgirá se e quando ele atingir a idade de reforma ou invalidez presumida. Mas, a nosso ver, este argumento não colhe, porque o requisito da idade corresponde tecnicamente a uma condição suspensiva (no caso, trata-se de uma condição de idade), nos termos do artigo 270.º do CC, que apenas se reflecte nos efeitos da situação jurídica (que ficam pendentes) mas não altera o respectivo conteúdo. Numa palavra, o direito do

---

[18] Na verdade, a consolidação do direito do trabalhador em matéria de pensões no momento da cessação do seu vínculo laboral com o sector bancário pode até ser um elemento decisivo na sua decisão profissional de abandonar o sector, uma vez que o trabalhador não deixará certamente de ponderar o facto de ter direito (e não uma mera expectativa) a uma pensão de reforma correspondente ao tempo de actividade profissional que desenvolveu no sector bancário, quando atingir a condição de idade. Se, no caso, se configurasse apenas uma expectativa, o trabalhador ficaria sempre sujeito à alteração futura das condições de atribuição da pensão ou mesmo ao não reconhecimento das suas pretensões relativas a essa pensão.

trabalhador à pensão complementar de reforma surge com a cessação do seu contrato de trabalhador, ainda que sujeito à condição de ele atingir a idade da reforma[19].

E, naturalmente que, a ser assim, o regime aplicável ao trabalhador nesta matéria terá que ser o regime vigente ao tempo da cessação do seu contrato de trabalho, designadamente em instrumento de regulamentação colectiva do trabalho, porque é com a cessação do contrato de trabalho que se consolida o direito à pensão complementar. Ora, esta conclusão não se coaduna com a aplicação ampla da cláusula 140ª do ACT, que tem sido sufragada pela jurisprudência, no que se refere aos trabalhadores cujos contratos de trabalho com o sector bancário cessaram, não só antes de atingida a idade da reforma como também antes de tal cláusula ter sido introduzida no instrumento de regulamentação colectiva do trabalho.

VIII. Por fim, em linha argumentativa diversa, mas que encontra eco em alguns sectores, como possível justificação para a aplicação do regime da cláusula 140ª do ACT aos trabalhadores cujo contrato de trabalho com o sector bancário cessou antes de atingirem a idade da reforma, tem sido sustentada a aplicação desta cláusula como uma situação de aplicação retroactiva da lei.

Partindo do pressuposto de que o direito destes trabalhadores à pensão complementar estaria consolidado a partir do momento em que deixaram o sector bancário, justificar-se-ia a aplicação da cláusula 140ª mesmo a situações anteriores a 1982 por uma razão formal e por uma razão substancial: formalmente, pelo facto de a revisão do ACT ter deixado cair a condição temporal para a aplicação do respectivo regime; e, substancialmente, pela necessidade de não deixar desprotegidos os trabalhadores desta categoria, o que sucederia se este regime lhes não fosse aplicado, uma vez que a cláusula 137ª passou a aplicar-se apenas às pensões substitutivas e não às pensões complementares de reforma.

Ainda que não seja admissível em termos gerais (artigo 12.º, n.º 1, do CC), a aplicação retroactiva da lei pode justificar-se em razões de vária ordem, que

---

[19] Também advogando esta qualificação do direito à pensão complementar, MENEZES CORDEIRO, *Convenções colectivas de trabalho e direito transitório...cit.*, 89, e ainda CATARINA PIRES/J. COSTA ANDRADE, *O regime jurídico relativo à atribuição e cálculo da reforma de certos trabalhadores do sector bancário: tentativa de superação de um (falso) problema de aplicação da lei no tempo*, Dir., 2004, 136, I, 157--176 (160 s.) e republicado neste Caderno a p. 75-94.

não cabe apreciar num estudo desta natureza[20]. O ponto que nos merece reflexão é outro, e tem, de novo, a ver com as especificidades dos instrumentos de regulamentação colectiva do trabalho enquanto instrumentos normativos, e, nessa medida, enquanto fontes laborais. É que, no caso destes instrumentos, depõem contra a admissibilidade da aplicação retroactiva dos seus regimes um argumento legal directo, um argumento material e um argumento teleológico.

Desde logo, depõe contra a aplicação retroactiva dos regimes dos instrumentos de regulamentação colectiva do trabalho um argumento legal retirado do artigo 533.º, n.º 1, alínea c), do CT (norma correspondente, no âmbito da LRCT, ao artigo 13.º). Tendo em conta que esta norma proíbe genericamente aos instrumentos de regulamentação colectiva do trabalho atribuírem eficácia retroactiva às suas cláusulas, excepto em matéria salarial[21], a extensão da cláusula 140ª às situações em apreciação contornaria tal proibição.

Por outro lado, a natureza das próprias convenções colectivas de trabalho depõe materialmente contra a admissibilidade da aplicação retroactiva das suas normas. Como é sabido, as convenções colectivas de trabalho são instrumentos normativos com uma vincada índole transaccional, no sentido em que as partes procuram encontrar um equilíbrio entre as suas posições de vantagem e os encargos que assumem uma perante a outra, tendo em conta a vigência, por regra, curta destes instrumentos normativos no tempo. Ora, esta índole transaccional dos instrumentos de regulamentação colectiva do trabalho, que evidencia a dinâmica peculiar da negociação e da contratação colectivas, é dificilmente compatível com soluções de retroactividade dos seus regimes, no todo ou em parte, o que justifica a solução legal da proibição da eficácia retroactiva das cláusulas destes instrumentos.

Por fim, depõe contra a admissibilidade da aplicação retroactiva dos regimes consagrados nas convenções colectivas de trabalho um argumento garantístico ou tutelar, que entronca, em última análise no princípio fundamental do Direito do Trabalho que é o princípio da compensação da posição debitória

---

[20] Para um maior desenvolvimento dos argumentos gerais ligados à questão da retroactividade da lei, aplicada à questão em apreciação, CATARINA PIRES/J. COSTA ANDRADE, *O regime jurídico relativo à atribuição...cit.*, 162 ss.

[21] Especificamente quanto às cláusulas das convenções colectivas de trabalho em matéria salarial, a admissibilidade da sua eficácia retroactiva tem sido justificada pela necessidade de evitar que a morosidade dos processos de negociação e de revisão das convenções se repercutam na retribuição dos trabalhadores. Nas restantes matérias, a solução da não retroactividade é a que melhor assegura os direitos adquiridos e a consolidação das demais situações jurídicas constituídas ao abrigo do instrumento normativo anterior.

complexa das partes no vínculo laboral, na sua projecção de protecção do trabalhador[22]. Em sede de sucessão de instrumentos de regulamentação colectiva do trabalho no tempo (como é o caso das revisões sucessivas do ACT do sector bancário), este princípio da protecção do trabalhador projecta-se na regra do respeito pelos direitos adquiridos ao abrigo do instrumento anterior (regra enunciada no artigo 560.º, n.º 3, do CT, que corresponde, no âmbito do regime anterior, ao artigo 15.º da LRCT). Ora, a retroactividade dos regimes da convenção colectiva de trabalho põe em causa este princípio.

Em suma, a solução da aplicação da cláusula 140ª do ACT do sector bancário para enquadrar os direitos relativos à pensão complementar, no caso dos trabalhadores cujo vínculo com o sector bancário cessou antes da revisão do instrumento colectivo que introduziu aquela cláusula, afigura-se inconsistente, por contrariedade às regras específicas de aplicação pessoal e temporal dos instrumentos de regulamentação colectiva do trabalho e ao princípio laboral da protecção do trabalhador na sua aplicação à sucessão de instrumentos de regulamentação colectiva do trabalho.

IX. Chegados a este ponto, podemos concluir no sentido contrário ao que tem sido sufragado pela jurisprudência dominante nesta matéria: com a devida vénia, entende-se que a cláusula 140ª do ACT, relativa às pensões complementares de reforma no âmbito do subsistema de segurança social do sector bancário apenas é de aplicar aos trabalhadores que se desvincularam desse sector antes de atingida a idade de reforma mas depois da revisão do ACT que introduziu essa cláusula (ou seja, em 1982), porque só esses trabalhadores podiam ser abrangidos pelo referido instrumento colectivo na versão revista, quer por força do princípio da filiação (que projecta o princípio mais geral da autonomia colectiva), quer por via da extensão administrativa da convenção, que também é limitada pela condição material do sector de actividade.

Esta conclusão decorre das especificidades dos instrumentos de regulamentação colectiva do trabalho, enquanto fontes de direito do trabalho, que, por força da autonomia dogmática desta área jurídica, se impõem às regras civis gerais em matéria de interpretação e aplicação das normas.

X. Apresentada a conclusão geral para efeitos do nosso estudo, resta responder a uma última pergunta, agora focada na questão particular que suscitou

---

[22] Sobre este princípio, ROSÁRIO PALMA RAMALHO, *Da Autonomia Dogmática do Direito do Trabalho cit.*, 970 ss., e 974 ss., e *Direito do Trabalho cit.*, I, 492 ss..

inicialmente a nossa atenção: não sendo a cláusula 140ª do ACT de aplicar aos trabalhadores cujos contratos de trabalho com o sector bancário cessaram antes de 1982, têm ou não estes trabalhadores direito a uma pensão complementar de reforma no âmbito do sistema bancário, sendo certo que a cláusula 137ª do ACT é apenas vocacionada para as pensões de índole substitutiva?

A nosso ver, foi para procurar atender às pretensões destes trabalhadores e, designadamente tendo em conta o imperativo constitucional que manda atender a todo o tempo de trabalho para o cálculo do direito à pensão de velhice, independentemente do sector de actividade em que tal trabalho seja prestado (artigo 63.º, n.º 4, da CRP) que a jurisprudência acabou por sustentar a aplicação ampla da cláusula 140ª, independentemente do momento da cessação dos contratos de trabalho dos trabalhadores que não atingiram a idade da reforma no sector bancário.

Mas a esta opção subjaz o pressuposto do vazio de regulamentação destas situações, se tal cláusula não fosse aplicável, e é este pressuposto que, quanto a nós, constitui um equívoco. É que, no caso de o contrato de trabalho ter cessado antes de 1982, o direito do trabalhador à pensão complementar retira-se directamente da cláusula 137ª do ACT, tal como ela existia ao tempo da cessação dos contratos destes trabalhadores e tal como era então interpretada – ou seja, como acima se viu, em termos amplos, por forma a abranger os direitos à pensão substitutiva (âmbito que ainda hoje tem) mas também os direitos à pensão complementar de reforma (de acordo com a interpretação dominante na jurisprudência à época, estribada nos argumentos oportunamente indicados)[23].

A solução é, afinal, simples, redundando na aplicação da norma em vigor ao tempo da constituição do direito à pensão, com o sentido amplo que lhe era atribuído à época pela jurisprudência dominante. Tal solução não só permite alcançar a solução mais justa, como contribui para a coerência e para a harmonia interna do sistema jurídico, uma vez que permite articular as regras civis gerais em matéria de interpretação e aplicação das leis no tempo, com os valores constitucionais nesta matéria e ainda com as regras específicas de interpretação e aplicação dos instrumentos de regulamentação colectiva do trabalho, enquanto fontes laborais.

---

[23] Também concluindo no sentido que preconizamos, MENEZES CORDEIRO, *Convenções colectivas de trabalho e direito transitório...cit.*, 92 s., e CATARINA PIRES/J. COSTA ANDRADE, *O regime jurídico relativo à atribuição...cit.*, 176.

O regime jurídico relativo à atribuição e cálculo da reforma de certos trabalhadores do sector bancário: tentativa de superação de um (falso) problema de aplicação da lei no tempo

DR.ª CATARINA PIRES
DR. JOÃO DA COSTA ANDRADE

> SUMÁRIO: I. Introdução. II. Dos factos e das situações jurídicas. III. Aplicação da lei no tempo. IV. A interpretação da "lei" nova. V. A segurança jurídica e os princípios que perpassam o ordenamento jurídico-laboral. VI. Conclusão.

I. Introdução

A recorrência com que o tema que se indicará tem sido tratado, sobretudo na jurisprudência, bem como a forma, nem sempre escorreita, com que o mesmo tem sido considerado, sugeriu-nos a realização do presente artigo.

As mutações e constâncias jurisprudenciais em sede de atribuição e cálculo da reforma dos trabalhadores do sector bancário e os problemas de aplicação da lei no tempo com que os tribunais se têm deparado a este respeito contribuíram para uma relativa incerteza quanto ao tratamento destas matérias, cuja relevância prática, *maxime* de índole económica e social, é insofismável.

As perplexidades suscitadas por determinada jurisprudência suscitou-nos a seguinte interrogação: nos casos em que, em juízo, se dá por provado o facto de o trabalhador, que cessou a sua actividade no sector, atingindo a situação de reforma, por invalidez ou por alcançar os 65 anos de idade, depois de 1982, mas que abandonou o sector bancário antes deste ano, ter direito a pensão de reforma da responsabilidade de um banco, será que o cálculo da pensão de reforma do trabalhador se deve fundar na cláusula 137.ª para o sector bancário de 12 de Julho de 1973, publicado no *Boletim do INTP*, Ano XL, n.º 27, de 22 de Julho de 1973 ou na 140.ª ACTV para o sector bancário, na redacção dada pela revisão de 1992, publicada no *Boletim do Trabalho e Emprego*, n.º 31, de 22 de Agosto de 1992. Ou seja, qual deve ser a norma jurídica convencional (cláusulas 137.ª ou 140.ª citadas) aplicável aos trabalhadores que à data da concretização efectiva da situação da reforma já não eram trabalhadores bancários.

A cláusula 137.ª do CCT para o sector bancário de 12 de Julho de 1973, publicado no *Boletim do INTP*, Ano XL, n.º 27, de 22 de Julho de 1973, estatui hoje, fruto das sucessivas alterações, o seguinte:

> *1 – No caso de doença ou invalidez ou quando tenham atingido 65 anos de idade (invalidez presumível) os trabalhadores em tempo completo têm direito:*
>
> a) *Às mensalidades que lhes competirem, de harmonia com a aplicação das percentagens do Anexo V aos valores fixados no Anexo VI;*
> b) *A um subsídio de Natal de valor igual ao das mensalidades referidas na alínea a), a satisfazer no mês de Novembro;*
> c) *A um 14.º mês de valor igual ao das mensalidades referidas na alínea a) a satisfazer no mês de Abril, sendo-lhes aplicável o princípio estabelecido no n.º 2 da cláusula 102.ª.*
>
> *2 – Cada uma das prestações a que os trabalhadores têm direito, nos termos do número anterior, não poderá ser de montante inferior ao do valor ilíquido da retribuição do nível mínimo do respectivo Grupo.*
>
> *3 – Os trabalhadores em regime de tempo parcial terão direito às prestações referidas nos n.ºs 1 e 2, calculadas proporcionalmente ao período normal de trabalho.*
>
> *4 – As mensalidades fixadas, para cada nível, no Anexo VI serão sempre actualizadas na mesma data e pela aplicação da mesma percentagem em que o forem os correspondentes níveis do Anexo II.*
>
> *5 – Excepcionalmente, e por acordo de ambas as partes, poderá o trabalhador, com mais de 65 anos de idade e menos de 70, continuar ao serviço; a continuação dependerá de aprovação do trabalhador em exame médico, feito anualmente, e a instituição pode, em qualquer momento, retirar o seu acordo a essa continuação, prevenindo o trabalhador com 30 dias de antecedência.*
>
> *6 – O trabalhador que completar 40 anos de serviço antes de atingir 65 anos de idade, ou o que completar 35 anos de serviço tendo mais de 60 anos de idade pode ser colocado na situação de invalidez presumível, mediante acordo com a instituição.*
>
> *7 – Da aplicação do Anexo V não poderá resultar diminuição das anteriores mensalidades contratuais cujo pagamento se tenha iniciado.*
>
> *8 – Todos os trabalhadores abrangidos por esta cláusula têm o direito à actualização das*

mensalidades recebidas, sempre que seja actualizado o Anexo II, quer tenham sido colocados nas situações de doença, invalidez ou invalidez presumível, antes ou depois de cada actualização.

9 – Os direitos previstos nesta cláusula aplicam-se a todos os trabalhadores na situação de doença, invalidez ou invalidez presumível quer tenham sido colocados nestas situações antes ou depois da entrada em vigor deste acordo.

Por seu turno, a revisão do ACTV para o Sector Bancário operada em 1982 cria a cláusula 141.ª, até então inexistente, que corresponde hoje à cláusula 140.ª do ACTV para o sector bancário, na redacção dada pela revisão de 1992, publicada no *Boletim do Trabalho e Emprego*, n.º 31, de 22 de Agosto de 1992, e que estipula o seguinte:

1 – O trabalhador de instituição de crédito ou parabancária, não inscrito em qualquer regime de segurança social e que, por qualquer razão, deixe de estar abrangido pelo regime de segurança social garantido pelo presente acordo, terá direito, quando for colocado na situação de reforma por invalidez ou invalidez presumível, ao pagamento pelas instituições de crédito ou parabancárias, na proporção do tempo de serviço prestado a cada uma delas, da importância necessária para que venha a auferir uma pensão de reforma igual à que lhe caberia se o tempo de serviço prestado no sector bancário fosse considerado como tempo de inscrição no regime geral da segurança social, ou outro regime nacional mais favorável que lhe seja aplicável.

2 – Para efeitos do cálculo da mensalidade prevista no n.º 1 desta cláusula, a parte da pensão de reforma a pagar pelas instituições, correspondente ao tempo de serviço prestado no sector bancário, será calculada com base na retribuição correspondente ao nível em que o trabalhador se encontrar colocado à data da saída do sector, actualizada segundo as regras do presente A.C.T.V., se outra não for mais favorável.

3 – A verificação das situações de invalidez, fora do âmbito de qualquer regime de segurança social será apurada por junta médica constituída nos termos da cláusula 141.ª.

4 – Para efeitos da contagem do tempo de serviço prestado no sector bancário referido no n.º 1 desta cláusula, aplica-se o disposto nas cláusulas 17.ª e 143.ª.

5 – No caso de o trabalhador não chegar a adquirir direitos noutro regime nacional de segurança social, a retribuição de referência para aplicação do disposto no n.º 1 desta cláusula será a correspondente à do nível em que aquele se encontrava colocado à data em que deixou de estar abrangido pelo regime de segurança social deste acordo, actualizada segundo as regras do mesmo regime.

Não aspiramos, nesta sede, adiantar certas especificidades compreendidas na relação jurídica laboral. Não se prestaria a tanto a natureza do presente trabalho, nem, ao que cremos, tal tarefa alumiaria o debate jurídico em torno da questão enunciada, tal como a formulamos e pré-compreendemos. Sendo assim – ou ainda assim –, aportaremos apenas, de forma sintética, os aspectos do foro laboral que pensamos peremptórios, do ponto de vista da realização prática do

Direito, e tendo por destino a decisão concreta de direito da questão de facto que acima recortámos. Destarte, situaremos a consistência analítica do presente esboço compreensivo no intrincado problema metodológico da aplicação da lei no tempo.

II. Dos factos e das situações jurídicas

O paradigma do processo de realização prática do direito há muito abandonou a ideia de um *logos* prescritivo, apercebendo-se que o mesmo imporia necessariamente uma *praxis* ahistórica e descontextualizada. Temos, pois, por adquirido, que qualquer exercício metodológico deve, aos olhos do jurista, figurar como uma busca da adequação problemático-concreta da solução da norma à justeza do caso concreto.

Neste panorama, adquire especial relevo e importância prática a situação jurídica, enquanto *produto de uma decisão jurídica, isto é, o acto e o efeito de realizar o Direito, solucionando um caso concreto*[1].

Por outro lado, dentro do universo categorial reconhecido no seio das situações jurídicas activas, podemos particularizar a expectativa jurídica, devendo esta ser definida como aquela situação que, normalmente, *ocorre em factos jurídicos complexos de produção sucessiva, isto é, em situações nas quais o Direito requeira, para o aparecimento de determinado efeito jurídico, uma sucessão articulada de eventos que se vão produzindo no tempo*[2].

Mas note-se que o próprio conceito de expectativa não é unidimensional, antes abarcando situações diversas ou, melhor diríamos, porventura, de intensidade variável. Em determinados casos pode mesmo a expectativa situar-se numa zona bastante próxima, senão contígua, ou mesmo de sobreposição, do direito subjectivo. Na verdade, é reconhecida a categoria dos direitos subjectivos prévios ou intercalares, relativamente aos quais emerge uma protecção jurídica, na disponibilidade do sujeito beneficiário.

Se reflectirmos um pouco acerca da natureza jurídica do direito à reforma, chegamos à conclusão que este mesmo direito corresponde a um direito subjectivo, ainda que sujeito a condição suspensiva. Na verdade, a produção de efeitos concretos deste direito só se efectiva com a verificação de um facto futuro e incerto. A aludida condição poderá ser considerada como imprópria,

---

[1] A. MENEZES CORDEIRO, *Tratado de Direito Civil Português*, I, Almedina, Coimbra, 2000, p. 139.
[2] A. MENEZES CORDEIRO, *Tratado de Direito Civil Português*, ob. cit., p. 181.

porquanto determinada por lei (*conditio iuris*)[3], se sufragarmos a tese segundo a qual avulta o pendor regulativo – e não negocial – nas convenções colectivas de trabalho[4]. Ou seja, podemos, eventualmente discutir se se trata de uma condição própria ou imprópria mas, em qualquer caso, tratar-se-á indubitavelmente de uma condição.

Temos que os efeitos decorrentes do direito à reforma estejam sujeitos à verificação de certo evento, que efectiva o exercício prático do direito do trabalhador a gozar juridicamente as vantagens daí decorrentes: por exemplo, atingir os 65 anos de idade.

Isto porque, naquele momento, não se poderá, em rigor, falar da existência de simples expectativa de vir a receber as prestações de reforma de acordo com a cláusula 137.ª. Em mera expectativa falar-se-á quando estão em causa esperanças, atendendo a um facto passado ou a um estado actual de coisas, de gozarmos de um direito quando surgir[5]. Ora, no caso em apreço estaremos perante uma expectativa jurídica, que não uma mera expectativa.

É nosso entendimento que às simples expectativas é validamente agregado pelo trabalhador, no momento da celebração do contrato de trabalho, um *Tatbestand* adicional que o fará legitimamente acreditar que, no momento em que se reformar, irá a sua situação ser disciplinada pelo normativo em vigor – e único até então – à celebração do referido contrato.

Ora, esta compreensão sai claramente reforçada se pensarmos no seguinte: não foi só o contrato de trabalho que se constituiu ao abrigo da lei antiga (cláusula 137.ª), foi também sob sua égide que cessaram os respectivos efeitos. Ou seja, toda a "vida" da situação jurídica laboral foi conformada, no que respeita à atribuição e cálculo do direito à reforma, por uma só norma: a cláusula 137.ª.

---

[3] Sobre esta categoria, C. A. MOTA PINTO, *Teoria Geral do Negócio Jurídico*, Coimbra Editora, Coimbra, 1992, p. 556.

[4] Iremos abstrair-nos desta questão, para já, tanto mais que a mesma pouco ou nada influi na determinação do regime jurídico aplicável. Sobre a *conditio iuris* pode ver-se J. PINTO COELHO, *Das cláusulas acessórias nos negócios jurídicos*, Coimbra, p. 81; RODOLFO SOHM, *Instituciones de Derecho Privado Romano – História y sistema*, trad. de W. Roces da 17.ª ed. alemã, corrigida por Mitteis, Madrid, 1936, p. 211; G. ARCHI, "Condizione. Diritto Romano", in *Enciclopedia del Diritto*, VIII, p. 757, EMÍLIO BETTI, *Teoria Geral do Negócio Jurídico*, trad. port. de Fernando Miranda, Coimbra, 1970, III, p. 110.

[5] Segundo GALVÃO TELLES, a expectativa não é ainda um direito subjectivo adquirido. *Essa expectativa, em princípio não goza de protecção jurídica; é uma simples esperança, atitude anímica ou psicológica desprovida de tutela legal, consistente apenas (como a palavra diz) em esperar vir a ser titular de certo direito.* GALVÃO TELLES, *Introdução ao Estudo do Direito*, Lisboa, 1988, p. 280.

III. Aplicação da lei no tempo

A situação sumariamente descrita suscita, desde logo, um problema de aplicação da lei no tempo.

Nestes termos, o grande problema que o caso em apreciação convoca passa inexoravelmente pela consideração da aplicação de uma norma legal a determinado "facto", urgindo sempre estabelecer a relação temporal que intercede entre aqueles dois vectores. Está assim em causa a determinação do *tempus* juridicamente relevante para que se possa válida e correctamente enquadrar o problema concreto na previsão normativa. Este será, com toda a certeza, e a par da determinação do *locus* relevante que convoca o direito aplicável, um dos primeiros exercícios na justa resolução dos conflitos que, no seio da sociedade, por intermediação do Direito, cumpre realizar.

Vejamos, então, qual o caminho que juridicamente tem sido percorrido nesta matéria.

Quando uma situação definida por lei é alterada, surgem amiúde dúvidas sobre o âmbito de aplicação da lei antiga e da lei nova que estatui regime diverso. Situação cuja solução não decorre sem mais e de forma absoluta da proclamação ínsita no princípio *lex posterior derrogat legi priori*. Simplesmente porque, ainda que estejam em causa situações com génese no passado, prolongam ou projectam os seus efeitos no futuro, urgindo descortinar até que ponto a lei nova deve respeitar essa mesma continuidade. A relevância prática da questão teórica é evidente[6].

A retroactividade é característica da norma que valora de novo um facto passado, antes valorado diferentemente pela lei vigente no momento em que se verificou, e lhe atribui portanto consequências diversas, sobretudo quando mais desfavorável ao destinatário da norma[7]. Como bem nota Castro Mendes, *a retroactividade é pois a qualidade da norma que altera a valoração e consequências de factos, tal como foram fixados no momento da sua realização*[8].

Não é pacífica a asserção segundo a qual, no *Ancien Régime*, a aplicação retroactiva da lei nova era admitida, porque decorrente do poder absoluto e incontestado do monarca, de origem divina; já a partir do século XVIII, período marcado pela assunção da protecção dos direitos fundamentais dos

---

[6] Neste sentido ver, por todos, A. SANTOS JUSTO, *Introdução ao Estudo do Direito*, Coimbra, 2001, p. 363.
[7] Assim, J. CASTRO MENDES, *Introdução ao Estudo do Direito*, Lisboa, 1984, p. 270.
[8] *Ibidem*, p. 270.

cidadãos e da segurança jurídica contra o poder – materializado em poder legislativo – a aplicação retroactiva da lei foi proibida[9]. Assim, os corolários jurídico-políticos e ético-sociais que a Revolução Francesa consigo trouxe, materializados na própria Constituição Política francesa de 1792, postulavam a necessidade de salvaguardar as situações e efeitos directamente decorrentes da lei antiga.

Hoje, fruto de uma nova compreensão do problema e da própria ideia de Direito, contrariamente ao que sucedia na referida Constituição, na Constituição dos Estados Unidos da América e, entre nós, na Carta Constitucional de 1826, o princípio da não retroactividade da lei não avoca concreta repressão jurídico-constitucional, sem prejuízo de, obviamente, do ordenamento jurídico-constitucional resultarem implicações normativas concretas que correspondam a decorrências casuísticas de uma ideia específica de não retroactividade, como seguidamente se referirá.

Com efeito, casos há em que tal aplicação retroactiva é expressamente proibida, bastando pensar na proibição de aplicação retroactiva de lei penal que crie novos crimes ou agrave as penas previstas em lei anterior – *nullum crimen, nulla poena sine lege (praevia)* –, de lei que crie novos impostos e no regime em vigor do caso julgado. A estes casos haverá que acrescentar o caso em que a lei nova se traduz na restrição de direitos, liberdades e garantias[10].

Como já se considerou, no fundamento do problema acham-se duas funções tendencialmente antinómicas que o direito realiza: a função estabilizadora, que garante os nossos direitos e expectativas legítimas e assegura a indispensável previsibilidade; e a função dinamizadora que, alinhando a ordem jurídica estabelecida à evolução social, apoia o seu aspecto dinâmico que, na sociedade pluralista dos nossos dias, assume uma dimensão igualmente importante[11]. É por esta razão que não existe uma solução rígida de aplicação exclusiva da lei antiga.

Por vezes a aplicação da lei nova é exigida. Consideramos, todavia, que tal não é possível *in casu*, afirmação que, no entanto, exige uma análise das várias teorias que desde sempre foram sendo defendidas.

---

9 Sobre esta problemática, *vide* RUY DE ALBUQUERQUE/MARTIM DE ALBUQUERQUE, *História do Direito Português*, Lisboa, 1999, p. 185 ss.
10 Conferir, neste sentido, A. SANTOS JUSTO, *op. cit.*, pp. 372 e 373, GALVÃO TELLES, *Introdução ao Estudo do Direito*, vol. I, 11.ª ed., Coimbra, 1999, p. 295.
11 SANTOS JUSTO, *op. cit.*, p. 367.

A teoria dos direitos adquiridos ou clássica considera que os direitos adquiridos à sombra de uma lei devem ser respeitados pelas leis posteriores. Como exemplifica Galvão Telles[12], *A faz um contrato com B, constituindo-se seu credor. A adquire em face de B um direito, cujo conteúdo está demarcado na lei vigente. Esse direito goza de estabilidade, mantendo-se intacto, ainda que leis novas apareçam a imprimir à matéria regulamentação diferente; se tais leis quiserem atingi-la haverá aí retroactividade*[13].

A doutrina do facto passado é essencialmente regida pela máxima *tempus regit factum*[14]. Assim, aos efeitos jurídicos já consumados sob o império da lei antiga, aos ainda pendentes quando surge a lei nova e também aos que ainda não se produziram mas podem ocorrer como consequência dum facto, aplicar-se-á a lei antiga, pois era esta que vigorava no momento em que surgiu o facto que as produziu. No entanto, na versão desta teoria de Enneccerus-Nipperdey, Roubier e Planiol, quanto aos *facta pendentia*, se os seus efeitos jurídicos não se produziram antes da entrada em vigor da lei antiga, há que aplicar a lei nova, o mesmo acontecendo quanto aos *facta futura*[15].

Léon Duguit, ligado à escola realista francesa do Direito Público, defendeu, na primeira metade do século XX, a substituição do conceito de direito subjectivo por o de situação jurídica, distinguindo no âmbito deste último as situações jurídicas subjectivas, que resultam para os indivíduos de manifestações da sua vontade, exercidas em harmonia com a lei, *e que se tornam* subjectivas *por terem conteúdo puramente* individual ou particular[16], das situações jurídicas objectivas, consistentes em meros poderes legais atribuídos aos indivíduos pela lei em virtude da ocorrência de certos factos. Assim, para Duguit, as situações jurídicas subjectivas não podem ser sujeitas à aplicação da lei nova, só o podendo as situações jurídicas objectivas.

Criticando esta teoria, Galvão Telles[17] avança a sua própria concepção do problema, entendendo que se deve distinguir entre situações jurídicas de execução duradoura e situações jurídicas de execução instantânea. Nestas últimas, a sua realização esgota-se em dado momento, pelo que, nas situações em que as

---

[12] Galvão Telles, *op. cit.*, p. 280.
[13] Ver críticas à teoria clássica em Galvão Telles, *op.cit.*, pp. 281 e 282, e Santos Justo, *op. cit.*, p. 369.
[14] Apreciação crítica desta doutrina em Baptista Machado, *Sobre a Aplicação no Tempo do Novo Código Civil. Casos de Aplicação Imediata. Critérios Fundamentais*, Coimbra, 1968, p. 326 e ss.
[15] Crítica a esta teoria em Galvão Telles, *op. cit.*, pp. 285 e ss. e Santos Justo, *op. cit.*, p. 370.
[16] Galvão Telles, *op. cit.*, p. 282.
[17] Galvão Telles, *op. cit.*, p. 283 e ss.

obrigações das partes, nascidas quando vigorava uma lei mesmo a efectivar quando já vigora outra, deve aplicar-se a lei antiga. Quando estão em causa situações de execução duradoura, há que abrir "uma separação entre o passado e o futuro"[18]. A separação é desvendada pelo momento de entrada em vigor da lei nova, e o que nela há de passado pertence à lei antiga, o que é futuro, à lei nova.

Outro aspecto a referir na consideração da problemática da retroactividade é o dos efeitos que a estipulação retroactiva possa surtir na esfera jurídica de terceiros, cujas posições não podem ser afectadas por actos *inter alias*[19].

De acordo com o n.º 1 do artigo 12.º do Código Civil português, a não retroactividade vale como princípio geral – "a lei só dispõe para o futuro". No n.º 2 desta norma distingue-se, na esteira de Enneccerus-Nipperdey[20], as condições de validade de quaisquer factos ou seus efeitos do conteúdo de certas relações jurídicas. Temos, assim, de um lado, vicissitudes de factos e, de outro, o teor de relações jurídicas.

Ora, no primeiro caso – vicissitudes relativas a factos – é aplicável a lei vigente no momento da sua ocorrência. Já quanto ao conteúdo de certas relações jurídicas, que subsistam à data da entrada em vigor da lei nova, só se aplicará esta se pudermos abstrair dos factos que originaram a previsão legal[21].

Nos termos do princípio geral aludido no n.º 1 as leis só se aplicam para o futuro e, mesmo que se apliquem para o passado, presume-se que há intenção de respeitar os efeitos jurídicos já produzidos[22]. Depois, há que recorrer ao n.º 2 para solucionar casos duvidosos de possível retroactividade. Dúvidas não existem que a expressão legal "entender-se-á" tem precisamente como função caracterizar a ideia "entende-se em caso de dúvida[23]".

Sempre que estejam em causa circunstâncias que se associam a factos, haverá que convocar a mencionada primeira parte do n.º 2 do artigo 12.º.

---

[18] GALVÃO TELLES, *op. cit.*, p. 289.
[19] Sobre o problema da retroactividade e, em especial, da irretroactividade determinada pela tutela de terceiros, *vide* GIOVANNI TATARANO, "Retroacttività", in *Enciclopedia del Diritto*, Giuffrè, Milano, 1989, pp. 83-92, em especial pp. 92-92.
[20] Realmente, há uma afinidade, até literal, entre as considerações de ENNECCERUS e o texto do Código português. OLIVEIRA ASCENSÃO, *O Direito. Introdução e Teoria Geral. Uma perspectiva Luso-Brasileira*, Coimbra, 2001, p. 544.
[21] Acerca das questões suscitadas pelo artigo 12.º do Código Civil, *vide* BAPTISTA MACHADO, *op. cit.*
[22] ANTUNES VARELA/PIRES DE LIMA, *Código Civil Anotado*, Coimbra, 1979, tomo I, p. 48.
[23] Nestes termos, MANUEL DE ANDRADE e OLIVEIRA ASCENSÃO, este último em *op. cit.*, p. 544.

Já quando a situação em apreço não for desta índole, antes dispuser sobre o teor de relações jurídicas, haverá que apartar dois tipos de situações. É que nesta sede não se afigura metodologicamente lícita a abstracção dos factos, *causa-função* da lei, só sendo fundada a aplicação da lei nova a relações jurídicas vigentes ao tempo da sua entrada em vigor que abstraiam dos factos em que se baseiam; caso contrário, aplicar-se-á a lei em vigor no momento em que ocorreram: a lei antiga[24]. Ora, estaremos na presença desta última situação, quando seja necessário considerar os factos (contratos e actos lesivos, no caso de responsabilidade delitual) que lhes dão origem.

Como se tem já exemplificado, para distinguir entre facto e situação: uma lei que proíba plantar certa espécie vegetal pode reportar-se ao acto de plantar e, então, só as novas plantações são proibidas; ou à situação de estar plantado, e então as que existem devem ser arrancadas[25]. Vimos já que a decisiva, e por vezes, ténue fronteira que apartam as situações que temos vindo a analisar, é desenhada tendo em conta o elemento decisivo legalmente previsto e que se consubstancia na abstracção dos factos que deram origem à lei que dispõe sobre o conteúdo de certas situações jurídicas. Nestes termos, a primeira parte do n.º 2 do artigo 12.º, para além de disciplinar as hipóteses em que a lei regula condições de validade substancial de factos, aponta também para os efeitos. E é quanto a estes que decisivas considerações têm inarredavelmente de ser tidas em conta quando analisamos o intrincado problema pressuposto. A lei só se aplicará a factos novos quando regular efeitos como expressão de uma valoração dos factos que lhes deram origem[26]. Diversamente sucederá quando a lei atender directamente à própria situação, independentemente do facto que a originou, aplicando-se então imediatamente a lei nova[27]. Estabelecendo a lei os poderes e vinculações do proprietário, de nada interessará que a propriedade tenha sido adquirida por contrato ou usucapião. Ela pretende "apenas e tão-só" abranger as propriedades que subsistam[28].

Perante esta distinção e tendo em consideração, sem prejuízo de posterior labor interpretativo, o teor da lei nova (cláusula 140.ª) parece-nos ser de aplicar a regra segundo a qual a lei só se aplica a factos novos.

---

[24] SANTOS JUSTO, *op. cit.*, p. 375.
[25] J. CASTRO MENDES, *op. cit.*, p. 274.
[26] A lei que delimita a obrigação de indemnizar exprime uma valoração sobre o facto gerador de responsabilidade civil, como exemplifica OLIVEIRA ASCENSÃO, *op. cit.*, p. 545.
[27] Neste sentido, cf. OLIVEIRA ASCENSÃO, *op. cit.*, p. 544 e ss. Ver ainda BAPTISTA MACHADO, *op. cit.*, p. 352 e ss.
[28] Assim o exemplifica OLIVEIRA ASCENSÃO, *op. cit.*, p. 546.

Ademais, quando um determinado regime surge como efeito contratual, há que aplicar a lei em vigor no momento da feitura do contrato, com fundamento no respeito pela vontade dos contraentes, expressão da autonomia privada[29]. Refere Santos Justo que, *com efeito e com base na lei vigente que os indivíduos decidem contratar seria uma violência aplicar a LN que altere o equilíbrio que arquitectaram*[30]. Num Estado intervencionista, por vezes aceita-se que o legislador actue com sacrifício da autonomia da vontade. Mas, como refere aquele Autor, tal situação acontece "quando se impõe a necessidade de proteger a parte mais fraca ou de estabelecer uma certa "ordem pública de direcção". (...) Por isso, a aplicação imediata da LN deve ser tida em consideração se o interesse social determinar a tutela das categorias sociais mais fracas".

Concretizando, não há dúvida que, tendo em conta o que já se expôs, casos há que implicam a aplicação da lei nova. No entanto, como se acabou de ver e que para o caso concreto releva mais directamente, é que tal retroactividade é admitida se se revelar mais favorável. No caso em análise, ninguém ousará pôr em causa o facto de que a aplicação retroactiva consubstanciada na aplicação da cláusula 140.ª, não se justifica, pois é bem mais prejudicial para os interesses da parte mais fraca, no caso, o trabalhador.

Mas, ainda que subsistissem dúvidas, sempre haveria que propender para uma solução de aplicação da lei antiga, já que é evidente que qualquer das cláusulas invocadas – e, em especial, a 140ª – se referem a factos, não fazendo as normas em apreço qualquer sentido sem esta mesma referência a factos como invalidez ou invalidez presumida.

Ou seja, quer seguindo a regra disposta no n.º 1 do artigo 12.º do Código Civil, quer recorrendo, em caso de dúvida, à norma consagrada no artigo 12.º, n.º 2, primeira parte, do mesmo Código, a solução alcançada será sempre a da aplicação da lei antiga, isto é, da cláusula 137ª.

Repare-se, uma vez mais, não se tratar de aplicar retroactivamente uma norma jurídica a uma situação passada. Até porque o contrato de trabalho, na hipótese que nos ocupa, foi celebrado e extinguiu-se sob vigência da lei antiga.

Assim, estamos – apenas e tão só – a invocar uma pretensão que é a única que o sistema jurídico e a natureza das coisas consente: o de aplicar a uma situação a lei que a rege, conseguindo, do mesmo passo, almejar um propósito de criação de uma situação juridicamente justa ao trabalhador.

---

[29] Também neste sentido, ver SANTOS JUSTO, *op. cit.*, pp. 376 e 377.
[30] SANTOS JUSTO, *op. cit.*, p. 377.

Mas, mesmo que assim não fosse, admitindo a tese peregrina de pretender aplicar a lei nova ao caso do presente estudo, sempre seria de considerar a circunstância de existirem certos graus de retroactividade.

De facto, é mister convocar, para quanto ora nos ocupa, uma certa ideia de graduação de retroactividade, ou seja, a premissa segundo a qual a retroactividade não é uma realidade unívoca, mas antes plúrima e complexa, importando, por isso, destrinçar no seu seio expressões particulares de um mesmo conceito.

É frequente a distinção de três graus de retroactividade[31]: um primeiro grau, de privação para o futuro das consequências que a lei antiga ligou ao acto; um segundo grau, que corresponde à anulação mesmo das consequências passadas dos factos e, finalmente, um terceiro grau consistente na anulação dos casos julgados[32]. Certa doutrina destrinça, com base nesta mesma graduação, retroactividade restitutiva, retroactividade ordinária e retroactividade temperada[33].

Conforme mencionado, o artigo 12.º, n.º 1, do Código Civil, dispõe, logo na sua primeira parte, que a lei só dispõe para o futuro, assim consagrando um princípio de não retroactividade da lei. Todavia, na segunda parte desta mesma norma estabelece-se já a possibilidade de as normas jurídicas serem dotadas de carácter retroactivo, não deixando de notar, contudo, que nestes casos a retroactividade será de menor grau possível. Com efeito, preceitua a aludida norma que *ainda que lhe seja atribuída eficácia retroactiva, presume-se que ficam ressalvados os efeitos já produzidos pelos factos que a lei se destina a regular.*

Seguidamente, o n.º 2 do artigo 12.º em apreço estipula que *quando a lei dispõe sobre as condições de validade substancial ou formal de quaisquer factos ou sobre os seus efeitos, entende-se, em caso de dúvida, que só visa os factos novos; mas quando dispuser directamente sobre o conteúdo de certas relações jurídicas, abstraindo dos factos que lhes deram origem, entender-se-á que a lei abrange as próprias relações já constituídas que subsistam à data da sua entrada em vigor.*

Em suma, ainda que a convenção em que se insere a cláusula 140.ª tivesse uma pretensão de aplicação retroactiva, o que é lícito, à luz do artigo 12.º do Código Civil, conforme se viu e o que não sucede, como seguidamente melhor se explanará, sempre seria de considerar que a reforma do trabalhador é uma situação que se insere numa relação jurídica – a relação jurídica laboral – mas

---

[31] Encontramos uma análise impressiva desta temática em BAPTISTA MACHADO, *op. cit.*, p. 49 e ss.
[32] J. CASTRO MENDES, *op. cit.*, p. 273.
[33] Sobre tal distinção, sua abordagem doutrinal e exemplos de ordem prática *vide,* por todos, J. BAPTISTA MACHADO, *op. cit.*, p. 49 ss.

que não é independente, não pode coerentemente abstrair do facto que a origina. Pelo que, mesmo que o caso em apreço envolvesse um problema de retroactividade, sempre a pertinência do mencionado cânone do artigo 12.º, n.º 2, *in fine*, do Código Civil, arredaria qualquer pretensão de aplicação da lei nova a situações pretéritas.

Para que não restem dúvidas, transporemos a cabal determinação do âmbito de aplicação temporal de uma lei nova para o domínio de um prévio exercício metodológico: o da sua interpretação jurídica. Já atrás nos referimos à situação jurídica do direito à reforma envolvida no *status* do trabalhador; vejamos, agora, se a cláusula 140ª pretende ou não abranger situações análogas.

IV. A interpretação da "lei" nova

Não poderemos, certamente, olvidar uma distinção cujo alcance, nesta sede, é decisivo: a que aparta facto de situação. Invocando, uma vez mais os ensinamentos de Castro Mendes, temos que *o problema da interpretação tem que resolver-se através da interpretação da lei nova. Traduz-se em apurar até onde a lei nova se quer aplicar*[34].

A interpretação das convenções colectivas – tal como da lei ou do negócio – é tarefa metodologicamente indispensável; apenas através dela é possível retirar dos competentes instrumentos colectivos as normas que constituem a sua razão de ser. Contudo, cabe ponderar se ela obedece a regras especiais.

Questão conexa, senão mesmo prévia, é a que corresponde à indagação sobre se a convenção colectiva, porque *facto normativo juslaboral*, não se sujeitaria a determinadas regras interpretativas e integrativas específicas. Ora, parece-nos que estes passos metodológicos deverão ser tomados nos precisos termos prescritos para a interpretação das fontes em geral, sem prejuízo, como é óbvio, de certas e determinadas especificidades da realidade e, sobretudo, da relação jurídica juslaboral, conforme *infra* melhor se explanará.

Fazendo apelo a uma distinção fortemente divulgada na doutrina juslaboral, podemos contrapor o conteúdo obrigacional e o conteúdo regulativo das convenções em apreço. Nestes termos, as áreas obrigacionais das convenções colectivas reger-se-iam pelas regras próprias de interpretação e integração dos negócios jurídicos enquanto que nas áreas regulativas prevaleceriam as normas sobre interpretação e integração da lei.

---

[34] J. CASTRO MENDES, *op. cit.* p. 274.

A interpretação e a integração das convenções colectivas seguem as regras próprias de interpretação e de integração da lei, com cessões subjectivistas quando estejam em causa considerações que apenas atendam às partes que as hajam celebrado[35].

Há ainda quem entenda ser certo, mesmo quando estejamos perante matéria de cariz regulativo, dever enveredar-se por trilhos ligeiramente desviantes dos cânones jus-civilísticos nesta matéria. Assim, certa doutrina pugna que em matéria de interpretação da convenção, atender-se-á às normas acolhidas pelo artigo 9.º do Código Civil, com as adaptações decorrentes da particular origem da norma a interpretar. Designadamente, no que respeita ao n.º 3 do artigo 9.º, a presunção da adequada previsão do legislador deverá ser revezada pela hipótese do equilíbrio entre interesses discordantes. Isto porque a convenção colectiva, ao contrário da lei, traduz sempre um ponto de equilíbrio entre interesses opostos[36].

A interpretação jurídica é, em qualquer sentido, momento imprescindível, uma vez enterradas as intenções empobrecedoras de certas tendências, como o *référé législatif* revolucionário francês. Nas palavras de Castanheira Neves, a interpretação é essencial para desvelar o sentido que certa fonte oferece como critério normativo, é função indispensável através da qual nos propomos *atingir na norma a normatividade prático-jurídica solicitada, como critério de problematicidade concreta do caso decidendo e que seja normativo-materialmente adequada à sua solução judicativa*[37].

Por outro lado, concebemos o presente problema metodológico como uma *Normkonkretisiering statt Normtextauslegung*. Assim, um tal exercício não pode olvidar que o centro da nossa atenção deve localizar-se, não na expressão significante mas na normatividade da norma (a norma da norma), já que, como nota Castanheira Neves, *o objecto da interpretação não será o texto das normas jurídicas, enquanto a expressão ou o corpus de uma significação (...) mas a normatividade que essas normas, como critérios jurídicos, possam oferecer*[38].

Assim sendo, se atentarmos na norma da cláusula 140.ª *supra* descrita, verificamos que a mesma se reporta à determinação dos termos da atribuição e cálculo da reforma dos trabalhadores do sector bancário em relação a trabalhadores que tenham abandonado o sector bancário *quando são colocados na situação de reforma*. Mas, obviamente, só faz sentido aplicar esta norma a situações de tra-

---

[35] A. MENEZES CORDEIRO, *Manual de Direito do Trabalho*, Coimbra, 1999, p. 305 ss.
[36] Neste sentido, J. CAUPERS/P. MAGALHÃES, *Relações Colectivas de Trabalho*, Porto, 1979, p. 67.
[37] A. CASTANHEIRA NEVES, *Metodologia Jurídica. Problemas Fundamentais*, Coimbra Editora, Coimbra, 1993, p. 144.
[38] A. CASTANHEIRA NEVES, *Metodologia Jurídica, cit.*, p. 143.

balhadores cujo contrato de trabalho subsistisse à data da entrada em vigor da convenção e não estivesse já disciplinado na aludida cláusula 137.ª ou, claro está, em relação a contratos de trabalho celebrados posteriormente a esta mesma entrada em vigor e que, entretanto, cessaram. O que não faz sentido é aplicá-la a casos de trabalhadores que constituíram o vínculo laboral, cessaram o contrato de trabalho e abandonaram o sector bancário quando a dita cláusula nem sequer existia. Poder-se-á obviamente aplicar a situações laborais constituídas aquando da sua entrada em vigor, mas não às que tiverem já previamente cessado.

Quer isto significar que não constitui intencionalidade, imediata ou mediata, da norma em apreço a sua aplicação a situações pretéritas, *maxime* a contratos de trabalho que tenham sido celebrados sob vigência de outra cláusula e que sob a mesma tenham cessado os respectivos efeitos.

Aspirar a uma aplicação da cláusula 140.ª a contratos de trabalho que já cessaram os respectivos efeitos aquando da sua entrada em vigor equivalerá a distorcer por completo o sentido da norma, quer o *Normprogramm*, quer o seu *Normbereich*. Com efeito, não foi este o motivo-fim que a determinou, mas sim o reger as situações jurídicas entretanto decorrentes e relativamente às quais fosse de evitar eventuais prejuízos ou retrocessos sociais para o trabalhador em virtude da mudança de regime pensionista entretanto operada.

Contudo, não é pretensão da norma, nem os princípios que compõem o sistema jurídico permitem – como melhor se verá – que a aludida cláusula se aplique a situações que lhe são estranhas, material e temporalmente, porque nascentes e extintas sob vigência de um regime de protecção social pensionista do trabalhador completamente diferente. O seu motivo-fim foi, já o dissemos, o de reger a situação de trabalhadores parte em contratos de trabalho celebrados ou, pelo menos, válidos e vigentes aquando da modificação do regime pensionista.

Inversamente, se praticarmos idêntico raciocínio metolodógico em relação à norma da cláusula 137ª, concluímos que a teleologia imanente à mesma abrange, certamente, a situação de um trabalhador que cessou a sua actividade no sector, atingindo a situação de reforma, por invalidez ou por alcançar os 65 anos de idade depois de 1982, mas que abandonou o sector bancário antes deste ano.

Aliás, estamos mesmo perante uma hipótese de directa assimilação do caso pela norma ou de assimilação por concretização já que o âmbito de relevância material da norma oferece uma solução judicativa cabível no caso concreto[39].

---

[39] Sobre a questão da realização do direito por mediação da norma, cfr. CASTANHEIRA NEVES, *Metodologia Jurídica*, cit. p. 176 ss.

A confirmação última desta conclusão podemos obtê-la num dado ao qual se fez já referência e que o artigo 12.º, n.º 1, não contempla expressamente: o de a cláusula 140.ª se referir expressamente a factos.

V. A segurança jurídica e os princípios que perpassam o ordenamento jurídico-laboral

As mudanças tecnológicas, económicas e sociais sucedem-se a ritmo vertiginoso, pelo que o direito, instrumento de modelação da sociedade, só terá sentido, sob pena de se tornar letra morta, se se abrir ao dinamismo societário, tornando-se assim num *sistema capaz de, através de reformas permanentes, evitar as revoluções periódicas, alcançando assim uma evolução histórica incorrecta*[40].

É precisamente neste contexto que se insere a problemática da aplicação da lei no tempo. No entanto, como alerta Baptista Machado, não se pode esquecer que *o direito tem como função estabilizar as expectativas das pessoas que nele confiam e nele assentam os seus planos de vida. Nada corrói mais a função social do direito do que a perda de confiança nas suas normas em consequência da frustração de expectativas legítimas ou fundadas nas mesmas normas*. Acrescente-se que, como se viu, não estão em causa meras expectativas, mas sim expectativas jurídicas, equivalentes a direitos subjectivos, ou tuteladas pelo Direito em termos que nos transportam para o domínio dos direitos subjectivos[41].

Desta forma, pensamos não ser exagerado afirmar que, então, é a própria ideia de Direito que aqui joga o seu papel.

Além da *supra* aludida colocação problemática, afigura-se-nos inequívoca a pertinência de outras implicações normativas da aludida questão-de-direito. Com efeito, é inegável a relevância de estarmos perante instrumentos normativos específicos do foro laboral, quais sejam as convenções colectivas de trabalho.

Os trabalhadores bancários não estão, como é sabido, abrangidos pelo regime geral da segurança social, mas sim pelo regime especial que consta do respectivo instrumento de regulamentação colectiva de trabalho. O que não pode deixar de ancorar duas ordens de consequências.

---

[40] Neste sentido, cfr. Baptista Machado, *Introdução ao Direito e ao Discurso Legitimador*, Almedina, Coimbra, 2000, p. 222 e ss.
[41] Assim, Menezes Cordeiro, *Tratado de Direito Civil Português*, cit. p. 181.

Em primeiro lugar, na medida em que estamos perante uma matéria do foro laboral e que contende com a concreta atribuição e conformação do conteúdo de situações jurídicas activas do trabalhador, adquire significativo alcance o princípio do tratamento mais favorável para o trabalhador.

O princípio do *favor laboratoris* desempenha, a mais das vezes, um papel de elemento de conexão: *para determinar, das regras em concurso, qual a competente para solucionar o caso concreto, o direito faz apelo ao elemento de conexão "tratamento mais favorável", sendo a regulação que o compreende a competente para solucionar o problema*[42].

Ora, como bem faz notar Lobo Xavier, o princípio enunciado significa, nomeadamente, que *na aplicação da lei no tempo, aplicar-se-ão imediatamente todas as regras do trabalho, no pressuposto de que, havendo um constante progresso social, as novas normas são mais favoráveis para o trabalhador, conservando este, ainda, as regalias adquiridas à sombra de anterior legislação*[43].

Quer isto dizer que, por um lado, sempre que as normas novas beneficiam o trabalhador, o princípio arreigado no foro laboral é o da respectiva aplicação imediata. Contudo, não é propriamente este o caso que nos vem ocupando, mas antes o de saber se a um certo trabalhador, em virtude da aplicação (errónea, como se viu) de certa norma, podem ser subtraídos determinados direitos.

A resposta não pode, obviamente, deixar de ser negativa.

De facto, existe um princípio que possui prioridade lógica e material em relação ao da imediata aplicação da lei laboral mais favorável às situações já constituídas ao tempo da sua entrada em vigor: o da manutenção das regalias adquiridas ou dos direitos adquiridos.

Na síntese elucidativa de Lobo Xavier *o sistema é o de que novas condições laborais (estabelecidas na lei ou nos instrumentos de regulamentação colectiva) são de aplicação imediata, regendo mesmo os contratos de trabalho anteriormente celebrados. Mas este sistema executa-se com salvaguarda do princípio do tratamento mais favorável para o trabalhador, nos termos do qual persistem as regalias para este previstas em normas diversas das novas, nomeadamente nas cláusulas contidas em convenções subalternas anteriores (...) na medida em que sejam mais benéficas para o trabalhador*[44].

Em segundo lugar, note-se que no caso que nos ocupa não está em causa a extracção de uma consequência de nível máximo do princípio da tutela mais

---

[42] A. MENEZES CORDEIRO, "O princípio do tratamento mais favorável no Direito do trabalho actual", em *Direito e Justiça*, III, p. 135.
[43] B. LOBO XAVIER, *Curso de Direito do Trabalho*, Verbo, Lisboa, 1993, p. 255.
[44] LOBO XAVIER, *op. cit.*, pp. 276-277.

favorável do trabalhador. Ao invés, o que se verifica é que não se deverá permitir uma aplicação do direito que, além de metodologicamente infundada e ilegal, porque contrária ao artigo 12.º do Código Civil e, portanto, duplamente incorrecta, mais do que posterga o princípio do *favor laboratoris*, na precisa medida em que retira a um trabalhador um direito subjectivo que lhe fora previamente reconhecido.

Acresce que nos casos em que os Bancos não pagam as reformas devidas aos trabalhadores, quando tenham efectuado aprovisionamentos de verbas com este fim, poderemos estar perante uma situação de injustificado locupletamento à custa de um património alheio. Bem se sabe do carácter subsidiário do enriquecimento sem causa, à luz do ordenamento jurídico português[45]. Mas, em qualquer caso, impor-se-á, sendo esse o caso, que se perscrutem as possibilidades de aplicação do instituto do enriquecimento sem causa, enquanto mecanismo propiciador de uma obrigação de restituir, nos termos do artigo 437.º do Código Civil[46].

Parece-nos, finalmente, que a construção que *supra* se explanou deve vingar independentemente da situação do trabalhador em relação ao Sistema de Segurança Social. Na verdade, afigura-se-nos correcta a manutenção dos pressupostos e do raciocínio que enunciámos, quer o trabalhador aufira uma qualquer reforma atribuída pela Segurança Social, quer não e ainda independentemente do montante que concretamente o beneficie. Uma qualquer tentativa de demonstração da desnecessidade de pagamento pelos Bancos de quantias imputáveis à Segurança Social ou à Caixa Geral de Aposentações não possui fundamento, à luz do ordenamento jurídico português, nem parece, tão pouco, ajustada, cientes de que o modo discursivo do Direito deve, em qualquer caso, permanecer fiel a critérios de plausibilidade jurídica e de justeza material.

---

[45] Ou seja, de acordo com o artigo 474.º do Código Civil, o enriquecimento sem causa, como fonte da obrigação de restituir, possui um carácter subsidiário, o que significa que se a lei faculta ao empobrecido algum meio específico de ressarcimento, será este o meio a que ele deverá recorrer. Sobre a subsidariedade da obrigação de restituir o enriquecimento no Direito Português, DIOGO LEITE DE CAMPOS *A subsidariedade da obrigação de restituir o enriquecimento*, Almedina, Coimbra, 2003, p. 316 ss. *et passim*.

[46] INOCÊNCIO GALVÃO TELLES, *Direito das Obrigações*, 5.ª edição, Coimbra Editora, Coimbra, 1986, p. 154. Sobre este instituto, LUÍS MENEZES LEITÃO, "O enriquecimento sem causa no Direito Civil (estudo dogmático sobre a viabilidade da configuração unitária do instituto face à contraposição entre as diferentes categorias de enriquecimento sem causa)", *Cadernos de Ciência e Técnica Fiscal*, n.º 176, Lisboa, 1996.

O sistema de segurança correspondente ao sector bancário é independente e alheio de outros sistemas, como o da Segurança Social ou da Caixa Geral de Aposentações. Cada um deles possui individualidade própria, funcionando em relação aos demais com autonomia e não como espécie de um género. São patrimónios e entidades autónomas, geridas de forma específica. Admitir que o sistema de Segurança Social é complementar de um dos outros levaria a perguntar porque é que não se raciocinaria inversamente ou a perguntar a razão de se não considerar a segurança como complementar do sistema bancário.

Em suma, não podem considerar os diferentes sistemas de segurança como complementares, devendo-se antes figurá-los como realidades independentes.

E isto até, pelo facto de os factores constitutivos dos direitos à pensão serem diversos e constituídos por elementos contributivos diferentes.

Concluindo, a confiança deve ser protegida quando os valores fundamentais do ordenamento jurídico associados a uma regra objectiva de boa fé o imponham. No horizonte de um Estado de Direito, sempre haverá que tutelar as expectativas jurídicas do trabalhador e, ademais, os pressupostos fiduciários em que a relação laboral deve assentar. O que imporá, certamente, uma superação de alguns equívocos que têm ocorrido na determinação das situações jurídicas relativas à atribuição dos direitos dos trabalhadores do sector bancário.

VI. Conclusão

As diversas problemáticas que até aqui, ainda que perfunctoriamente, ensaiámos perscrutar gravitam em torno de uma questão fundamental, que inicialmente colocámos e agora retomamos, em jeito de síntese: deve aplicar-se a lei antiga, cláusula 137.ª, ou antes, a lei nova, cláusula 140.ª, a uma situação verificada sob a égide da lei antiga e sob vigência da qual uma certa situação jurídica se formou com toda a sua completude, não obstante os respectivos efeitos só terem começado a produzir-se no momento em que a idade de reforma é atingida?

Por tudo quanto acima se referiu, não podemos deixar de concluir pela aplicabilidade da cláusula 137.ª.

No horizonte ético e normativo de um Estado de Direito não é possível preferir um sentido que não o de pautar qualquer decisão judicativa de um caso concreto numa adequada articulação entre a questão de facto e a questão de direito, buscando a concordância dogmática com o sistema e, simultaneamente, a justeza material com o problema jurídico concreto, sem prejuízo da segurança, enquanto alicerce de qualquer ordem de normação social.

No Direito não existem decisões apodícticas, nem por natureza, nem por demonstração, dado que, como exprime M. Kriele, *decidir significa exprimir obrigatoriedade independentemente de consenso e certeza*. Contudo, não é menos verdadeiro que as sentenças serão tanto mais logradas quanto mais solidamente se louvem nos critérios e fundamentos que compõem a constituenda normatividade do sistema jurídico vigente.

Concretizando, diremos que, antes de 1982, no momento em que um trabalhador do sector bancário celebra um contrato de trabalho com um Banco, com o objectivo de definir as condições em que a sua prestação laboral irá ser exercida, adquire, face ao normativo então em vigor e subsequente cláusula 140.ª e respectivos moldes, o direito de receber a reforma nos termos definidos pela já citada cláusula 137.ª. Impõe a recta aplicação do direito que as normas apenas sejam convocadas e aplicadas quando o âmbito de relevância normativa da norma assimile o âmbito de relevância normativa do caso concreto: pelo que é do sistema jurídico e da sua justa realização prática que resulta a aplicação da aludida cláusula 137.ª à factualidade recortada na hipótese que examinámos.